Ernesto Che Guevara
MI PRIMER GRAN VIAJE

Planeta Bolsillo

ERNESTO CHE GUEVARA

MI PRIMER GRAN VIAJE

De la Argentina a
Venezuela en motocicleta

PLANETA

Diseño de tapa: Mario Blanco
Diseño de interior: Alejandro Ulloa

© 1992, 1994: Ernesto Che Guevara

Derechos exclusivos de edición en castellano
reservados para todo el mundo:

© 1997: Editorial Planeta Argentina, S.A.I.C.
   Independencia 1668, 1100 Buenos Aires
   1997: Grupo Editorial Planeta

Primera edición en Planeta Bolsillo: mayo de 1997
Hecho el depósito que prevé la ley 11.723
ISBN 950-742-842-9
Impreso en la Argentina

Nota a la edición

Las *Notas de viaje* de Ernesto Guevara, que se publican aquí bajo el título *Mi primer gran viaje*, fueron transcriptas por el Archivo Personal del Che y recogen en forma narrativa las peripecias y vicisitudes de la enorme aventura que significó para un joven emprender una marcha con el propósito de conocer América latina.

Estas *Notas* tienen su origen en el diario que redactara Guevara, cuando en diciembre de 1951 decidió realizar, en compañía de su amigo Alberto Granado, un ansiado recorrido que comenzó en la provincia de Córdoba, siguió por la costa Atlántica, la Pampa, la Cordillera de los Andes y, una vez en Chile, los condujo después en dirección al norte —Perú y Colombia— hasta llegar a Caracas.

Con posterioridad, estas vivencias fueron recreadas por el propio Ernesto en forma de relatos, los que se presentan al lector para ofrecerle un acercamiento más penetrante de la vida del Che, muy en especial de una etapa poco conocida que nos revela rasgos sobresalientes de su personalidad, de su formación cultural y de su capacidad narrativa como génesis del estilo que desarrollará en trabajos sucesivos.

Además, estas *Notas* permiten valorar cómo el conocimiento de los pueblos latinoamericanos, el contacto directo con sus problemas y esencias, produjo en su interior la extraordinaria transformación que lo convertirá en precursor de la nueva historia de América.

Archivo Personal del Che
Centro Latinoamericano "Che Guevara"
La Habana - Cuba

Edición a cargo de Aleida March de la Torre

Itinerario del primer viaje
por América latina

— Córdoba, diciembre de 1951.
— De Buenos Aires salen el 4 de enero de 1952.
— Villa Gesell, 6 de enero.
— Miramar, 13 de enero.
— Necochea, 14 de enero.
— Bahía Blanca, 16 de enero y salen el 21.
— Rumbo a Choele Choel, 22 de enero.
— Choele Choel, 25 de enero.
— Piedra del Aguila, 29 de enero.
— San Martín de los Andes, 31 de enero.
— Nahuel Huapi, 8 de febrero.
— Bariloche, 11 de febrero.

Chile

— Peulla, 14 de febrero.
— Temuco, 18 de febrero.
— Lautaro, 21 de febrero.
— Los Angeles, 27 de febrero.
— Santiago de Chile, 1º de marzo.

— Valparaíso, 7 de marzo.

— A bordo del *San Antonio*, 8-10 de marzo.

— Antofagasta, 11 de marzo.

— Baquedano, 12 de marzo.

— Chuquicamata, 13-15 de marzo.

— Iquique, 20 de marzo.

— Empresa salitrera de Toco.

— Empresas salitreras: La Rica Aventura y Prosperidad.

— Arica, 22 de marzo.

Perú

— Tacna, 24 de marzo.

— Tarata, 25 de marzo.

— Puno, 26 de marzo; van al lago Titicaca.

— Navegan el lago Titicaca el 27 de marzo.

— Juliaca, 28 de marzo.

— Sicuani, 30 de marzo.

— Cuzco, 31 de marzo.

— Salen para Machu Picchu, 3 de abril.

— Machu Picchu, 5 de abril.

— Cuzco, 6-7 de abril.

— Abancay, 11 de abril.

— Huancarama, 13 de abril.

— Huambo, 14 de abril.

— Huancarama, 15 de abril.

— Andahuaylas, 16-19 de abril.

— Huanta.

— Ayacucho, 22 de abril.

— Huancayo.

— La Merced, 25-26 de abril.

— Entre Oxapampa y San Ramón, 27 de abril.

— San Ramón, 28 de abril.

— Tarma, 30 de abril.

— Lima, 1º de mayo (salen de Lima el 17 de mayo).

— Cerro de Pasco, 19 de mayo.

— Pucallpa, 24 de mayo.

— A bordo de *La Cenepa*, 25 de mayo.

— Por el Amazonas, 26-27 hasta el 31 de mayo.

— Iquitos, 1º de junio hasta el 5.

— A bordo de *El Cisne* (navegando por el Amazonas rumbo a la leprosería de San Pablo), 6-7 de junio.

— Leprosería de San Pablo, 8-19 de junio (salen el 20).

— A bordo de la balsa *Mambo-Tango* por el Amazonas, 21 de junio.

Colombia

— Leticia, 23 de junio hasta el 1º de julio (salen el 2 de julio en avión).

— Estancia de tránsito en Tres Esquinas, 2 de julio.

— Madrid. Aeropuerto militar a 30 km de Bogotá.

— Bogotá, 2-10 de julio.

— Cúcuta, 12-13 de julio.

Venezuela

— San Cristóbal, 14 de julio.

— Entre Barquisimeto y Corona, 16 de julio.

— Caracas, 17-26 de julio.

Viaje de Ernesto y Granado

por Ernesto Guevara Lynch

ALBERTO GRANADO, doctor en biología y muy amigo de Ernesto, hermano de Tomás y de Gregorio, que fueran condiscípulos suyos en el colegio nacional, decidió acompañarlo en un viaje por América. Esto ocurría en el año 1951.

Ernesto, en esa época, acababa de ponerse en relaciones con una simpática joven cordobesa. Tanto mi familia como yo estábamos seguros de que se casaría con ella.

Un buen día Ernesto me dijo:

—Viejo, me voy a Venezuela.

Cuál no sería mi sorpresa al contestar a mi pregunta: "¿por cuánto tiempo?", diciéndome: "un año".

—Pero, ¿y tu novia? —volví a preguntarle.

—Si me quiere, que me espere —fue la contestación.

Ya yo estaba acostumbrado a esta clase de salidas por parte de mi hijo.

Sabía que estaba muy entusiasmado con ella y creía que este entusiasmo aplacaría su sed de horizontes. Me quedé pensativo. No entendía a Ernesto.

Había cosas suyas que se me escapaban. El tiempo se encargó de esclarecérmelas. Yo ignoraba que su obsesión de horizontes obedecía al ansia de aumentar sus conocimientos.

Necesitaba conocer bien a fondo las necesidades de los pueblos pobres y sabía que para conocerlas había necesariamente que hollar caminos y más caminos, pero no como simple turista, sino como él lo hizo, deteniéndose en las rutas, no para tomar fotografías aisladas o interesantes paisajes, sino para empaparse en la miseria humana presente en cada recodo de las sendas que recorrería y para investigar las causas de esa miseria. Sus viajes serían los de un investigador social que camina para comprobar, pero también para tratar de aliviar en lo posible el dolor humano.

Sólo así, con ese interés y con tal decisión, abroquelado el corazón para resistir cualquier clase de amarguras y siempre con la disposición del ánimo abierta al sacrificio, se puede calar bien hondo en esta humanidad desvalida, humanidad que desgraciadamente puebla la mayor parte del mundo.

Reflexionando sobre sus continuos viajes años después, llegué a la conclusión de que ellos le habían dado la seguridad de cuál sería su destino.

Habiendo ya partido Ernesto rumbo a Venezuela y estando yo almorzando en casa de una hermana mía con el padre Cuchetti, sacerdote amigo de ella, muy conocido en nuestro país por sus ideas liberales, le conté la parte del viaje por la selva amazónica y la actuación de Ernesto y Granado en la leprosería de San Pablo, sobre las márgenes del caudaloso Amazonas.

Este oyó el relato con toda atención y luego me

dijo después de escuchar mi descripción de la horri-
ble vida que llevan los leprosos:

—Amigo, soy capaz de hacer cualquier sacrifi-
cio por mis hermanos, pero le aseguro que convivir
con leprosos en esas condiciones, mañana, tarde y
noche, y en ese clima tropical, y además con falta de
higiene, me sentiría incapaz de hacerlo, no lo
aguantaría. Me descubro ante la humanidad y ente-
reza de su hijo y su compañero, porque para hacer
esto se necesita tener algo más que agallas; se necesi-
ta tener además de un temple de acero, un alma in-
mensamente comprensiva e inundada de la más
grande caridad. Su hijo de usted irá muy lejos.

La verdad es que yo estaba tan acostumbrado a
seguir a Ernesto con mi pensamiento a través de sus
viajes, que no me había detenido a analizar a fondo
los motivos de estas inquietudes que lo movían y, so-
bre todo, me despistaba la naturalidad con que ha-
blaba de sus correrías por el mundo, como si fueran
una cosa simple y al alcance de cualquier ser huma-
no. El se despojaba de toda mise en scène *y quizá*
para no intranquilizar a nuestra familia cuando re-
lataba sus viajes, aparecía más bien como espoleado
por la curiosidad.

Tiempo después, a través de sus cartas, logramos
comprender que obedecía a un verdadero sacerdocio
que jamás abandonó. Sabía unir a su charla, siem-
pre amena e interesante, un modo picaresco, un tono
de broma que hacía confundir al que lo oyera y de-
jarlo sin saber si se chanceaba o hablaba en serio.

Recuerdo que un día nos escribió una carta
anunciándonos desde el Perú su viaje al norte, y en
ella decía más o menos así:

"Si dentro de un año no tienen noticias nuestras, busquen nuestras cabezas reducidas en algún museo yanqui, porque atravesaremos las zonas de los jíbaros, expertos cazadores de cabezas".

Nosotros sabíamos quiénes eran los jíbaros y también sabíamos que durante siglos redujeron las cabezas de sus enemigos. Entonces ya la cosa cambiaba de aspecto, puesto que no era broma, sino que en ella había una gran dosis de verdad.

Yo sufría en silencio cada vez que a él se le ocurría salir en plan de exploración. Cuando me dio la noticia de su proyectado viaje con Granado, lo llamé aparte y le dije: "Vas a correr una aventura muy difícil; ¿qué puedo aconsejarte en contra de ella, cuando tanto he soñado yo con eso? Pero te recuerdo que si te pierdes en esas selvas y en un tiempo prudencial no tengo noticias tuyas, iré a buscarte siguiendo tus huellas y no volveré jamás si no te encuentro". El sabía que era capaz de hacerlo, y yo pensaba que así tal vez se moderaría en la búsqueda de peligros. Le pedí que fuera siempre dejándome marcas de su paso en el camino y que nos mandase los itinerarios. Lo fue haciendo a través de sus cartas y, a través de ellas, también fuimos dándonos cuenta de cuál era el verdadero camino que había elegido nuestro hijo. En sus cartas iba haciendo un análisis económico, político y social de todos los países que atravesaba y en ellas también iba poniendo sus reflexiones que cada vez nos indicaban su creciente tendencia al comunismo.

Lo de Ernesto no era un hobby, y así lo comprendimos. La magnitud de su empresa la fuimos valorando cada vez más. Tenía las condiciones necesarias para ejecutar lo que proyectaba, pero no sólo se triunfa en la vida teniendo condiciones; la ejecución de los sueños, de los proyectos, de las esperanzas es la parte más difícil. En Ernesto se unía la fe a su voluntad de vencer, con una tremenda obstinación para llegar al fin propuesto. Si a esto se une su inteligencia, de la cual dio amplias pruebas, se comprende que haya podido realizar en tan poco tiempo todo lo que hizo.

Ahora partía con Alberto Granado siguiendo los caminos de tantos legendarios expedicionarios de América. Con ellos dejarían atrás las comodidades, los cariños, las familias, y se lanzarían a conocer nuevos horizontes. Granado, quizá, con la finalidad de conocer más mundos. Ernesto, con el mismo afán, unido a la mística certeza de la seguridad de su destino. Ahora Ernesto y su compañero debían seguir el camino de los conquistadores, sólo que, a diferencia del afán de conquista que aquéllos enarbolaban, éstos caminaban con otro destino.

Entendámonos

No es este el relato de hazañas impresionantes, no es tampoco meramente un "relato un poco cínico"; no quiere serlo, por lo menos. Es un trozo de dos vidas tomadas en un momento en que cursaron juntas un determinado trecho, con identidad de aspiraciones y conjunción de ensueños. Un hombre en nueve meses de su vida puede pensar en muchas cosas que van de la más elevada especulación filosófica al rastrero anhelo de un plato de sopa. En total correlación con el estado de vacuidad de su estómago; y si al mismo tiempo es algo aventurero, en ese lapso puede vivir momentos que tal vez interesen a otras personas y cuyo relato indiscriminado constituiría algo así como estas notas.

Así, la moneda fue por el aire, dio muchas volteretas; cayó una vez "cara" y alguna otra "seca". El hombre, medida de todas las cosas, habla aquí por mi boca y relata en mi lenguaje lo que mis ojos vieron; a lo mejor sobre diez "caras" posibles sólo vi una "seca", o viceversa, es probable y no hay atenuantes; mi boca narra lo que mis ojos le contaron.

¿Que nuestra vista nunca fue panorámica, siempre fugaz y no siempre equitativamente informada, y los juicios son demasiado terminantes?: de acuerdo, pero ésta es la interpretación que un teclado da al conjunto de los impulsos que llevaron a apretar las teclas y esos fugaces impulsos han muerto. No hay sujeto sobre quien ejercer el peso de la ley. El personaje que escribió estas notas murió al pisar de nuevo tierra Argentina, el que las ordena y pule, "yo", no soy yo; por lo menos no soy el mismo yo interior. Ese vagar sin rumbo por nuestra "Mayúscula América" me ha cambiado más de lo que creí.

En cualquier libro de técnica fotográfica se puede ver la imagen de un paisaje nocturno en el que brilla la luna llena y cuyo texto explicativo nos revela el secreto de esa oscuridad a pleno sol, pero la naturaleza del baño sensitivo con que está cubierta mi retina no es bien conocida por el lector, apenas la intuyo yo, de modo que no se pueden hacer correcciones sobre la placa para averiguar el momento real en que fue sacada. Si presento un nocturno créanlo o revienten, poco importa, que si no conocen personalmente el paisaje fotografiado por mis notas, difícilmente conocerán otra verdad que la que les cuento aquí. Los dejo ahora conmigo mismo; el que fui...

Pródromos

FUE UNA MAÑANA DE OCTUBRE. Yo había ido a Córdoba aprovechando las vacaciones del 17. Bajo la parra de la casa de Alberto Granado tomábamos mate dulce y comentábamos todas las últimas incidencias de "la perra vida", mientras nos dedicábamos a la tarea de acondicionar la Poderosa II. El se lamentaba de haber tenido que abandonar su puesto en el leprosorio de San Francisco de Chañar y del trabajo tan mal remunerado del hospital Español. Yo también había tenido que abandonar mi puesto, pero, a diferencia de él, estaba muy contento de haberlo dejado: sin embargo, también tenía algunas desazones, debidas, más que nada, a mi espíritu soñador; estaba harto de la Facultad de Medicina, de hospitales y de exámenes.

Por los caminos del ensueño llegamos a remotos países, navegamos por los mares tropicales y visitamos toda el Asia. Y de pronto, deslizada al pasar como una parte de nuestros sueños, surgió la pregunta: ¿Y si nos vamos a Norteamérica?

¿A Norteamérica? ¿Cómo?

Con la Poderosa, hombre.

21

Así quedó decidido el viaje que en todo momento fue seguido de acuerdo con los lineamientos generales con que fue trazado: Improvisación. Los hermanos de Alberto se unieron y con una vuelta de mate quedó sellado el compromiso ineludible de cada uno de no aflojar hasta ver cumplidos nuestros deseos. Lo demás fue un monótono ajetreo en busca de permisos, certificados, documentos, es decir, saltar toda la gama de barreras que las naciones modernas oponen al que quiere viajar. Para no comprometer nuestro prestigio quedamos en anunciar un viaje a Chile; mi misión más importante era aprobar el mayor número posible de materias antes de salir, la de Alberto, acondicionar la moto para el largo recorrido y estudiar la ruta. Todo lo trascendente de nuestra empresa se nos escapaba en ese momento, sólo veíamos el polvo del camino y nosotros sobre la moto devorando kilómetros en la fuga hacia el norte.

El descubrimiento
del océano

LA LUNA LLENA SE RECORTA sobre el mar y cubre de reflejos plateados las olas. Sentados sobre una duna, miramos el continuo vaivén con distintos ánimos: para mí fue siempre el mar un confidente, un amigo que absorbe todo lo que le cuentan sin revelar jamás el secreto confiado y que da el mejor de los consejos: un ruido cuyo significado cada uno interpreta como puede; para Alberto es un espectáculo nuevo que le causa una turbación extraña cuyos reflejos se perciben en la mirada atenta con que sigue el desarrollo de cada una de las olas que van a morir en la playa. Frisando los treinta años Alberto descubre el océano Atlántico y siente en ese momento la trascendencia del descubrimiento que le abre infinitas vías hacia todos los puntos del globo. El viento fresco llena los sentidos del ambiente marino, todo se transforma ante su contacto, hasta el mismo Come-back mira, con su extraño hociquito estirado, la cinta plateada que se desenrosca ante su vista varias veces por minuto. Come-back es un símbolo y un sobreviviente; símbolo de los lazos que exigen mi

23

retorno, sobreviviente a su propia desdicha, a dos caídas en la moto en que voló encerrado en su bolsa, al pisotón de un caballo que lo "descangalló" y a una diarrea pertinaz.

Estamos en Villa Gesell al norte de Mar del Plata en la casa de un tío que nos brinda su hospitalidad y sacamos cuenta sobre los 1.200 kilómetros recorridos, los más fáciles, y sin embargo, los que ya nos hacen ver con respeto la distancia. No sabemos si llegaremos o no, pero evidentemente nos costará mucho, ésa es la impresión. Alberto se ríe de los planes de viaje que tenía minuciosamente detallados y según los cuales estaríamos ya cerca de la meta final cuando en realidad recién empezamos.

Salimos de Gesell con una buena provisión de legumbres y carne envasada que "donó" mi tío. Nos dijo que si llegábamos a Bariloche telegrafiáramos, que jugaba el número del telegrama a la lotería; nos parece exagerado. Sin embargo, otros dijeron que la moto es un buen pretexto para hacer footing, etc.; tenemos la firme decisión de probar lo contrario, pero un natural recelo nos inhibe y hasta nos callamos nuestra mutua confianza.

Por el camino de la costa Come-back sigue mostrando sus impulsos de aviador y sale nuevamente ileso a pesar del topetazo. La moto, muy difícil de dominar con el peso colocado en una parrilla que queda detrás del centro de gravedad, levanta la parte delantera al menor descuido y nos tira lejos. En una carnicería del camino compramos un poco de carne para asado y leche para el perro, éste no la prueba, me empieza a preocupar el animalito más como materia viviente que por los 70 "mangos" que me hicieron largar. El asado resulta de yegua, la carne es sumamente dulce y no la podemos comer; decepcionado, tiro un pedazo y el perro se avalanza y la devora en un santiamén; asombrado, le tiro otro pedazo y la historia se repite. Se levanta el régimen lácteo. En medio del tumulto que forman las admiradoras de Come-back, entro, aquí en Miramar, en un…

... Paréntesis amoroso

En realidad escapa a la intención de estas notas narrar los días de Miramar donde Come-back encontró un nuevo hogar hacia uno de cuyos integrantes era dirigido el intencionado nombre y el viaje quedó en un remanso, indeciso, supeditándolo todo a la palabra que consintiera y amarrara.

Alberto veía el peligro y ya se imaginaba solitario por los caminos de América pero no levantaba la voz. La puja era entre ella y yo. Por un momento resonaban en mis oídos los versos de Otero Silva, al irme, creía, victorioso:

> *Yo escuchaba chapotear en el barco*
> *los pies descalzos*
> *y presentía los rostros anochecidos de hambre.*
> *Mi corazón fue un péndulo entre ella y la calle.*
> *Yo no sé con qué fuerza me libré de sus ojos*
> *me zafé de sus brazos.*
> *Ella quedó nublando de lágrimas su angustia*
> *tras de la lluvia y el cristal*

Pero incapaz para gritarme: ¡Espérame,
yo me marcho contigo!

Después dudé que la astilla tenga derecho a decir: vencí, cuando la resaca la arroja a la playa donde quería llegar, pero eso fue después. Después no interesa al presente. Los dos días programados se estiraron como goma hasta hacerse ocho y con el sabor agridulce de la despedida mezclándose a mi inveterada halitosis me sentí llevar definitivamente por aires de aventuras hacia mundos que se me antojaban más extraños de lo que fueron con situaciones que imaginaba mucho más normales que lo que resultaron.

Recuerdo un día en que el amigo mar decidió salir en mi defensa y sacarme del limbo en que cursaba. La playa estaba solitaria y un viento frío soplaba hacia la tierra. Mi cabeza estaba en el regazo que me sujetaba a esas tierras. Todo el universo flotaba rítmico obedeciendo los impulsos de mi voz interior; era mecido por todo lo circundante. De pronto un soplo más potente trajo distinta la voz del mar: levanté la cabeza sobresaltado, no era nada, sólo una falsa alarma; apoyé de nuevo mis sueños en el regazo acariciador cuando volví a oír la advertencia del mar. Su enorme disritmia martilleaba mi castillo y amenazaba su imponente serenidad. Sentimos frío y nos fuimos tierra adentro huyendo de la presencia turbadora que se negaba a dejarme. Sobre una corta porción de playa el mar caracoleaba indiferente a su ley sempiterna y de allí nacía la nota turbadora, el aviso indignado. Pero un hombre enamorado (Alberto aplica un adjetivo más suculento y menos literario), no está en condiciones de escuchar llamados de esta naturaleza; en el enorme vientre del Buick siguió construyéndose mi universo basado en un lado burgués.

El punto uno del decálogo del buen raidista dice así:

1) Un raid tiene dos puntas. El punto donde se empieza y el punto donde se acaba; si tu intención es hacer coincidir el segundo punto teórico con el real no repares en los medios (como el raid es un espacio virtual que acaba donde acaba, hay tantos medios como posibilidades de que se termine, es decir, los medios son infinitos).

Yo me acordaba de la recomendación de Alberto: "la pulsera o no sos quien sos".

Sus manos se perdían en el hueco de las mías.

—Chichina, esta pulsera... ¿si me acompañara en todo el viaje como un guía y un recuerdo?

¡Pobre! Yo sé que no pesó el oro, pese a lo que digan: sus dedos trataban de palpar el cariño que me llevara a reclamar los kilates que reclamaba. Eso, al menos, pienso honestamente yo. Alberto dice (con cierta picardía, me parece), que no se necesita tener dedos muy sensibles para palpar la densidad 29 de mi cariño.

Hasta romper
el último vínculo

NUESTRA PROXIMA ETAPA ERA NECOCHEA, donde ejercía su profesión un antiguo compañero de Alberto, etapa que hicimos fácilmente en una mañana llegando justo a la hora de los "bifes" y recibiendo una cordial bienvenida del colega y no tan cordial de la mujer que encontró un peligro en nuestra bohemia sin excusas.

—¿A usted le falta un año para acabar su carrera y se va?, ¡y no piensa volver en no sabe qué tiempo!, pero, ¿por qué?

Y ese no recibir una respuesta concisa al porqué desesperado con que se imaginaba la situación desde su punto de vista, era algo que le ponía los pelos de puntas. Siempre nos trató con cortesía pero se adivinaba la hostilidad que nos profesaba a pesar de saber (creo que lo sabía), que la victoria era de ella, que no había posibilidad de "redención" para su marido.

En Mar del Plata habíamos visitado un médico amigo de Alberto que se había afiliado al partido con todo el cortejo de consecuencias; este otro per-

29

manecía fiel al suyo —el radical—, y sin embargo estábamos tan lejanos de uno como de otro. El radicalismo, que para mí nunca había tenido importancia como posición política, perdía toda significación para Alberto que en un tiempo fue amigo de algunas figuras a quienes respetaba. Cuando montamos la moto y, tras de agradecer los tres días de fácil vida que nos brindara el matrimonio amigo, seguimos viaje a Bahía Blanca, nos sentimos un poquito más solos y bastante más libres. Todavía allí nos esperaban amigos, esta vez míos, que nos dieron también su hospitalidad franca y cordial.

Varios días pasamos en el puerto sureño, acondicionando la moto y vagando por la ciudad. Eran los últimos de holgorio económico. El rígido plan de asado, polenta y pan debía cumplirse al pie de la letra para dilatar algo nuestra total desventura monetaria. El pan tenía un sabor de advertencia: "Dentro de poco te costará comerme, viejo". Y lo tragábamos con más gana; como los camellos, queríamos hacer acopio para lo que viniera.

En víspera de la partida me dio una gripe con bastante fiebre, lo que provocó un día de retardo en nuestra salida de Bahía Blanca. Al fin partimos a las tres de la tarde, aguantando un sol de plomo que se hizo más pesado aún al llegar a los arenales de Médanos, la moto con su peso tan mal distribuido se escapaba al control del conductor e iba sistemáticamente al suelo. Alberto libraba un porfiado duelo con el arenal del que dice haber salido victorioso; lo cierto es que seis veces quedamos descansando cómodamente en la arena antes de salir a camino liso. Naturalmente que salimos y ése es el principal argumento que mi compañero esgrime para objetivar su triunfo sobre el Médanos.*

Apenas salimos, tomé el comando y aceleré para recuperar el tiempo perdido; una arenilla fina cubría cierta parte de la curva y, pare de contar: es el topetazo más fuerte que nos diéramos en toda la duración del raid. Alberto salió ileso pero a mí el cilindro me aprisionó un pie chamuscándolo algo, y dejando su desagradable recuerdo durante mucho tiempo, ya que no cicatrizaba la herida.

Sobre nosotros se descolgó un fuerte chaparrón que nos obligó a buscar refugio en una estancia, pero para ello debimos andar trescientos metros en un camino barroso que nos envió dos veces más al suelo.

La acogida fue magnífica pero al resumen de estos primeros paros en tierras no pavimentadas era realmente alarmante; nueve porrazos en un día. Sin embargo, echados en los catres que ahora serían nuestros legítimos lechos, junto a la Poderosa, nuestra morada de caracoles, veíamos el futuro con impaciente alegría. Parecía que respirábamos más libremente un aire más liviano que venía de allá, de la aventura. Países remotos, hechos heroicos, mujeres bonitas, pasaban en círculo por nuestra imaginación turbulenta; y por ojos cansados que se negaban, no obstante, al sueño, un par de puntos verdes que sintetizaban un mundo muerto se reían de mi pretendida liberación, acoplando la imagen a que pertenecieran a mi vuelo fabuloso por los mares y tierras de este mundo.

* Pueblo enclavado en la ciudad de Bahía Blanca.

Para las gripes, cama

LA MOTO RESOPLABA ABURRIDA por el largo camino sin accidentes y nosotros resoplábamos cansados. El oficio de manejar en el camino cubierto de ripio dejaba de convertirse en un agradable pasatiempo para transformarse en una pesada tarea. Y todo un día en que alternadamente tomábamos el manubrio nos dejó a la noche con mucha más gana de dormir que de hacer un esfuerzo y llegar a Choele-Choel, pueblo más o menos importante donde debía haber posibilidad de un alojamiento gratuito. En Benjamín Zorrilla plantamos bandera y nos instalamos cómodamente en un cuarto de la estación que estaba desocupado. Dormimos como troncos.

A la mañana siguiente nos levantamos temprano, pero cuando fui a buscar el agua para el mate, sentí una sensación extraña que me recorría el cuerpo y enseguida un escalofrío. A los diez minutos temblaba como un poseído sin poder remediar en nada mi situación; los sellos de quinina no actuaban y mi cabeza era un bombo donde retumbaban marchas extrañas, unos colores raros pasaban sin forma especial por las paredes y un vómito verde era el producto de desesperantes arcadas. Todo el día permanecí en el mismo estado, sin probar bocado, hasta que al entrar la noche me sentí con fuerzas como para trepar a la moto y dormitando sobre el hombro de Alberto, que manejaba, llegar a Choele-Choel. Allí visitamos al doctor Barrera, director del hospitalito y diputado nacional que nos trató con amabilidad, dándonos una pieza para dormir en el establecimiento. Allí se inició una serie de penicilina que me cortó la fiebre en cuatro horas, pero cada vez que hablábamos de irnos el médico decía moviendo la cabeza: "Para las gripes, cama". (En la duda del diagnóstico se dio éste.) Y pasamos varios días, atendidos a cuerpo de rey. Alberto me sacó una foto con mi indumentaria hospitalaria y mi aspecto impresionante, flaco, chupado, con ojos enormes y una barba cuya ridícula conformación no varió mucho en los meses en que me acompañó. Lástima que la fotografía no fuera buena, era un documento de la variación de nuestra manera de vivir, de los nuevos horizontes buscados, libres de las trabas de la "civilización".

Una mañana el médico no movió la cabeza en la forma acostumbrada y fue suficiente. A la hora partimos rumbo al oeste, en dirección a los lagos, que era la meta próxima. Nuestra moto marchaba con parsimonia, demostrando sentir el esfuerzo exigido, sobre todo en su carrocería, a la que siempre había que retocar con el repuesto preferido de Alberto, el alambre. No sé de dónde había sacado una frase que atribuía a Oscar Gálvez: "En cualquier lugar que un alambre pueda reemplazar a un tornillo, yo lo prefiero, es más seguro".

Nuestros pantalones y las manos tenían muestras inequívocas de que nuestra preferencia y las de Gálvez andaban parejas, al menos en cuestión de alambre.

Ya era de noche y tratábamos de llegar a un centro poblado, puesto que carecíamos de luz y no es agradable pasar la noche al raso, sin embargo, cuando ya íbamos caminando lentamente alumbrados por la linterna, se inició de golpe un ruido rarísimo que no atinábamos a identificar.

La luz de la linterna no bastaba para establecer la causa del ruido que erróneamente atribuíamos a la ruptura de los arcos. Obligados a quedar en el lugar nos aprontamos a pasar la noche lo mejor posible de modo que preparamos la carpa y nos metimos dentro, para ocultar nuestra hambre y sed (no había agua cerca ni teníamos carne), con un sueñito acorde con nuestro cansancio. Sin embargo, la brisa del anochecer no tardó en transformarse en un violentísimo viento que nos levantó la carpa dejándonos a la intemperie, el frío arreciaba. Debimos atar la moto a un poste de teléfono y, poniendo la lona de la carpa de resguardo, acostarnos detrás de ella. El viento huracanado impedía usar nuestros catres. La noche no fue muy linda, pero al fin el sueño pudo contra frío, viento y lo que viniera y amanecimos a las 9 de la mañana, con el sol alto sobre nosotros.

A la luz del día pudimos ver que el famoso ruido era provocado por la ruptura del cuadro en la parte delantera. El problema era arreglar como se pudiera y llegar a un centro poblado donde pudiéramos soldar el caño roto. Nuestros amigos los alambres se encargaron de sacarnos provisoriamente del paso. Arreglamos todas las cosas y salimos sin saber bien a cuánto estábamos del centro poblado más próximo. Nuestra sorpresa fue mayúscula cuando vimos, a la salida de la segunda curva que tomamos, una casa habitada. Nos recibieron muy bien y saciaron nuestra hambre con un exquisito asado de cordero. De allí caminamos 20 kilómetros hasta el lugar llamado Piedra del Aguila donde pudimos soldar, pero ya era tan tarde que decidimos quedarnos a dormir en la casa del mecánico.

Matizado con alguna caída sin mayor importancia para la integridad de la moto seguimos nuestro camino rumbo a San Martín de los Andes. Cuando faltaba poco para llegar, mientras manejaba yo, compramos nueva parcela en el sur, en una preciosa curva cubierta de ripio y a orillas de un arroyito cantarín. Esta vez la carrocería de la Poderosa sufrió desperfectos bastante graves que nos obligaron a demorar en el camino; para colmo, sucedió aquí uno de los más temidos accidentes para nosotros: pinchamos la goma trasera. Para arreglarla había que sacar todo el equipaje, sacar los "seguros" alambres con que la parrilla estaba "asegurada" y luego luchar con la cubierta que desafiaba la potencia de nuestras débiles palancas. El resultado de una pinchadura (trabajo por "fiaca") era la pérdida de dos horas por lo menos. Avanzada la tarde entramos en una estancia del camino, cuyos dueños, unos alemanes acogedores, por rara coincidencia habían alojado tiempo ha un tío mío, viejo lobo del camino cuyas hazañas emulaba ahora. Nos convidaron a pescar en el río que pasaba por la estancia. Alberto echó la cuchara por primera vez y, sin tiempo para ver lo que sucedía, se encontró con una forma fugaz de reflejos iridiscentes que saltaban en la punta del anzuelo, era un arcoiris, precioso pescado de carne exquisita (por lo menos asado y con el hambre nuestra de condimento). Entusiasmado por su primera victoria, mientras yo preparaba el pescado seguía Alberto dale que dale con la cuchara, pero no picó ni uno más a pesar de las horas que siguió arrojando el anzuelo. Ya se había hecho de noche de modo que tuvimos que quedarnos a dormir allí, en la cocina de los peones.

A las cinco de la mañana, el enorme fogón que ocupa el centro de la pieza en este tipo de cocinas se prendió y todo se llenó de humo y gente que le daba al mate amargo mientras algunos lanzaban maliciosas puyas sobre nuestro mate "añiñau", como llaman en estas tierras el mate cebado dulce. Pero en general eran poco comunicativos, exponentes de la vencida raza araucana, conservan todavía la desconfianza al hombre blanco que lanzó sobre ellos tanta desdicha y ahora los explota. A nuestra pregunta de co [...] del campo, del trabajo de ellos, contestaban con un encogimiento de hombros y un: "no sé" o "será" con que agotaban la conversación.

Aquí mismo tuvimos la oportunidad de darnos una "tupitanga" de cerezas, a tal punto que cuando nos pasaron a las ciruelas tuve que plantar bandera y tirarme a hacer la digestión, mientras mi compañero comía algunas "por no despreciar". Trepados a los árboles, comíamos ávidamente, como si nos hubieran dado un plazo terminante para acabar. Uno de los hijos del dueño de la estancia, miraba con algo de desconfianza a estos "doctores" trajeados patibulariamente y con muestras de hambre bastante atrasada, pero se calló la boca y nos dejó comer hasta ese punto tan gustado por dos idealistas como nosotros, en que uno camina despacito de miedo de patearse el estómago al mover las piernas.

Después de arreglar el pedal de arranque y otros desperfectos, seguimos viaje a San Martín a donde llegamos anocheciendo.

San Martín de los Andes

EL CAMINO SERPENTEA entre los cerros bajos que apenas señalan el comienzo de la gran cordillera y va bajando pronunciadamente hasta desembocar en el pueblo, tristón y feúcho, pero rodeado de magníficos cerros poblados de una vegetación frondosa. Sobre la estrecha lengua de 500 metros de ancho por 35 kilómetros de largo que es el lago Lacar, con sus azules profundos y los verdes amarillentos de las laderas que allí mueren se tiende el pueblo, vencedor de todas las dificultades climáticas y de medios de transporte, el día que fue "descubierto" como lugar de turismo y quedara asegurada su subsistencia.

El primer ataque contra un dispensario de Salud Pública falló completamente, pero se nos indicó que podíamos hacer parecida tentativa en las dependencias de Parques Nacionales, cuyo intendente acertó a pasar por allí y nos dio enseguida alojamiento en uno de los galpones de herramientas de la citada dependencia. Por la noche llegó el sereno, un gordo de 140 kilogramos bien medido y una cara a prueba de balas, que nos trató con mucha amabilidad, dándonos permiso para cocinar en su cuchitril. Esa primera noche la pasamos perfectamente, durmiendo entre la paja de que estaba provisto el galpón, bien abrigados, lo que se hace necesario en estas comarcas donde las noches son bastante frías.

Compramos un asado de vaca y emprendimos la caminata por las orillas del lago. Bajo la sombra de los inmensos árboles, en los que lo agreste no había cedido al empuje de la civilización invasora de jurisdicciones, hacíamos proyectos de poner allí un laboratorio, a la vuelta de la gira. Pensábamos en los grandes ventanales asomados al lago, mientras el invierno blanqueaba el suelo; en el autogiro, necesario para trasladarse de un lado a otro; en la pesca en un bote; en excursiones interminables por los montes casi vírgenes.

Después, sentimos muchas ganas de quedarnos en algunos parajes formidables, pero sólo la selva amazónica llamó tanto y tan fuerte a las puertas de nuestro Yo sedentario. Ahora sé, casi con una fatalista conformidad en el hecho, que mi sino es viajar, que nuestro sino, mejor dicho, porque Alberto en eso es igual a mí, sin embargo hay momentos en que pienso con profundo anhelo en las maravillosas comarcas de nuestro sur. Quizá algún día cansado de rodar por el mundo vuelva a instalarme en esta tierra argentina y entonces, si no como morada definitiva, al menos como lugar de tránsito hacia otra concepción del mundo, visitaré nuevamente y habitaré la zona de los lagos cordilleranos.

Oscureciendo ya emprendimos el regreso que finalizó entrada la noche, encontrándonos con la agradable sorpresa de que don Pedro Olate, el sereno, había traído un buen asado para agasajarnos, compramos vino, para responder al envite y devoramos como leones, para variar. Cuando estábamos hablando de la bueno que estaba el asado y de lo pronto que dejaríamos de comerlo en la forma indiscriminada en que lo hacíamos en la Argentina, nos dijo don Pedro que a él le habían ofrecido hacer la parrillada con que se agasajaría a los corredores de automóviles que vendrían el próximo domingo a disputar una carrera en el circuito de la localidad. Necesitaría dos ayudantes y nos ofreció el puesto.

"A lo mejor no les pagan nada, pero pueden ir juntando 'asau' para después."

Nos pareció buena idea y aceptamos los cargos de ayudante primero y segundo del "Taita de los asadores del sur argentino".

El domingo fue esperado con una unción religiosa por ambos ayudantes. A las seis de la mañana de ese día iniciamos nuestra tarea ayudando a cargar la leña en el camión que la llevaría al lugar del asado y no paramos de trabajar hasta las once en que se dio la señal definitiva y todos se lanzaron vorazmente sobre los apetitosos costillares.

Mandaba la batuta un personaje rarísimo a quien yo daba con todo respeto el título de señora cada vez que le dirigía la palabra, hasta que uno de los comensales me dijo:

"Che pibe, no cargués tan fuerte a don Pendón que se puede cabriar".

"¿Quién es don Pendón?", dije haciendo con los dedos ese interrogante del que dicen que es de mala educación. La respuesta: don Pendón era "la señora", me dejó frío, pero por poco tiempo. El asado, como siempre ocurre, sobraba para el número de invitados, de manera que teníamos carta blanca para seguir con nuestra vocación de camellos.

Seguíamos además un plan cuidadosamente calculado. A cada rato mostraba que aumentaban los síntomas de mi borrachera sui generis y en cada ataque me iba bamboleante hasta el arroyo, con una botella de tinto bajo la campera de cuero. Cinco ataques de este tipo me dieron y otros tantos litros de tintillo quedaron bajo la fronda de un mimbre, refrescándose en el arroyito cercano. Cuando todo se acabó y llegó el momento de cargar las cosas en el camión para volver al pueblo, consecuente en mi papel, trabajé a regañadientes, me peleé con don Pendón y al final, quedé tirado sobre el pasto, incapaz de dar un paso más. Alberto, buen amigo, me disculpó ante el jefe y se quedó a cuidarme mientras el camión partía. Cuando el ruido del motor se perdió a lo lejos, salimos como potros a buscar el vinacho que garantizaría unos días de oligárquica comida regada. Alberto llegó primero y se lanzó sobre el mimbre: su cara era de película cómica, ni una sola botella quedaba en su sitio. Mi borrachera no había engañado a alguno de los participantes, o me habría visto escamotear el vino, lo cierto es que estábamos tan pelados como siempre, repasando mentalmente las sonrisas con que se acogían mis morisquetas de borracho para encontrar en alguna la ironía sobradora del ladrón, pero sin resultado. Cargando un poco de pan y queso que nos habían regalado y unos kilogramos de carne para la noche tuvimos que llegar a pie al pueblo, bien comidos, bien bebidos, pero con una enorme depresión interna, más que por el vino, por la cachada que nos habían hecho; ¡palabras!

A la mañana siguiente, lluviosa y fría, nos pareció que la carrera no se realizaría y esperábamos que cediera un poco la lluvia para ir a churrasquear a la orilla del lago cuando oímos los altoparlantes de un auto que anunciaba la no suspensión de la carrera. Validos de nuestra condición de "asadores", pasamos gratis las puertas de la pista y vimos, cómodamente instalados, una carrera de coches de la mecánica nacional, bastante agradable.

Pensábamos ya levantar vuelo algún día de ésos y conversábamos sobre la conveniencia de cuál camino elegir mientras mateábamos en la puerta del galpón que nos alojaba, cuando llegó un jip, del que bajaron unos amigos de Alberto, de la lejana y casi fantástica Villa Concepción del Tío, con los que se trenzó en abrazos de enorme cordialidad. Inmediatamente fuimos a festejar dignamente el acontecimiento llenando la barriga de líquidos espumosos, como es de práctica en tales ocasiones.

Quedó hecha la invitación para visitarlos en el pueblo donde trabajaban, Junín de los Andes, y allí nos encaminamos, aligerando la moto, cuyo equipo quedó en el galpón de Parques Nacionales.

Exploración circunvalatoria

JUNIN DE LOS ANDES, menos afortunado que su hermano lacustre, vegeta en un total olvido de la civilización, sin que alcance a sacudir la monotonía de su vida sedentaria el intento de agilización que significan en la vida del pueblo los cuarteles que allí se construyen y en donde trabajan nuestros amigos. Digo nuestros, porque ya en tan poco tiempo pasaron a serlo míos también.

La primera noche fue dedicada a las remembranzas del lejano pasado de Villa Concepción, matizado con botellas de tinto en profusión inacabable. Tuve que abandonar la partida, falto de training, pero dormí como un lirón para aprovechar la cama.

El otro día fue dedicado a arreglar algunos desperfectos de la moto en el taller de la compañía donde trabajaban nuestros amigos, pero a la noche, la despedida de la Argentina que nos hicieron fue magnífica: un asado de vaca y cordero, con una riquísima ensalada y unos bollitos con grasa, de rechupete.

Después de varios días de holgorio partimos

despedidos por los múltiples abrazos de la muchachada tomando el camino del Carrué, un lago de la región. La ruta es malísima y la pobre moto bufaba en los arenales, mientras yo la pechaba para ayudarla a salir de los médanos. Los primeros cinco kilómetros nos llevaron una hora y media, pero luego mejoró el camino y pudimos llegar sin tropiezos al Carrué chico, una lagunita de agua verde rodeada de cerros agrestes de vegetación frondosa, y tiempo después, al Carrué grande, bastante extenso pero lamentablemente imposible de recorrer en moto ya que tiene sólo un camino de herradura que lo costea y por donde los contrabandistas de la región pasan a Chile.

Dejamos nuestra moto en la casilla del guardabosque, que estaba ausente, y nos encaminamos a escalar un cerro que está enfrente mismo del lago. Pero se avecinaba la hora de comer y sólo había en nuestras alforjas un pedazo de queso y alguna conserva. Un pato pasó volando sobre el lago; Alberto calculó la ausencia del guardabosque, la distancia a la que se hallaba el ave, las posibilidades de multa, etc., y tiró al vuelo: tocado por un golpe maestro de la buena suerte (no para él), el pato cayó en las aguas del lago. Enseguida se planteó la discusión sobre quién habría de buscarlo. Perdí y me lancé al agua. Parecía que unos dedos de hielo me agarraran por todo el cuerpo, hasta impedirme casi el movimiento. Con la alergia al frío que me caracterizaba, esos veinte metros de ida y otros tantos de vuelta que nadé para cobrar la pieza que Alberto derribara, me hicieron sufrir como un beduino. Menos mal que el pato asado con el habitual condimento de nuestra hambre es un manjar exquisito.

Tonificados por el almuerzo emprendimos la trepada con todo entusiasmo. Desde el primer momento tuvimos de molestos acompañantes a los tábanos que no cesan un momento de revolotear, y picar si pueden, sobre uno. La ascensión fue penosa debido a la falta de equipo adecuado y de experiencia de nuestra parte, pero luego de fatigosas horas llegamos a la cima del cerro, de donde, para nuestro desencanto, no se admiraba ningún panorama; los cerros vecinos tapaban todo. Hacia cualquier punto que se dirigiera la vista se tropezaba con un cerro más alto que la obstruía.

Después de algunos instantes de chacota en las manchas de nieve que coronaban la cima nos dimos a la tarea de bajar, apremiados por la noche que se venía encima.

La primera parte fue fácil, pero luego el arroyo por cuya garganta descendíamos empezó a convertirse en un torrente de paredes lisas y piedras resbaladizas que hacían difícil el caminar sobre ellas. Debimos meternos entre los mimbres de la ladera y llegar finalmente a la zona de caña, intrincada y traicionera. La noche oscura nos traía mil ruidos inquietantes y una extraña sensación de vacío a cada paso que dábamos en la oscuridad. Alberto perdió las antiparras y mis pantalones "buzo" estaban convertidos en harapos. Llegamos, al final, a la zona de los árboles y allí cada paso había que darlo con infinitas precauciones ya que la negrura era enorme y nuestro sexto sentido se había sensibilizado tanto que percibía abismos cada medio segundo.

Después de horas eternas asentando nuestras plantas en una tierra barrosa que reconocimos como perteneciente al arroyo que desagua al Carrué, casi inmediatamente desaparecieron los árboles y llegamos al llano. La enorme figura de un ciervo cruzó como exhalación el arroyo y su figura plateada por la luna saliente se perdió en la espesura. Un palpetazo de "naturaleza" nos dio en el pecho: caminábamos despacio temerosos de interrumpir la paz del santuario de lo agreste en que comulgábamos ahora.

Vadeamos el hilo de agua cuyo contacto nos dejó en las pantorrillas las huellas de esos dedos de hielo que tanto me desagradan y llegamos al amparo de la cabaña del guardabosque cuya cálida hospitalidad nos brindó unos mates calientes y unos pellones en donde acostarnos hasta la mañana siguiente. Eran las 12.35 a.m.

Hicimos despaciosamente el camino de vuelta que cruza lagos de una belleza híbrida comparada con la del Carrué y llegamos finalmente a San Martín, donde don Pendón nos hizo dar 10 pesos a cada uno por el trabajo del asado, antes de salir con rumbo al sur.

Por el camino
de los siete lagos

DECIDIMOS IR A BARILOCHE por la ruta denominada de los siete lagos, pues éste es el número de ellos que bordea antes de llegar a la ciudad. Y siempre con el paso tranquilo de la Poderosa hicimos los primeros kilómetros sin tener otro disgusto que accidentes mecánicos de menor importancia hasta que, acosados por la noche, hicimos el viejo cuento del farol roto en una caída para dormir en la casita del caminero, "rebusque" útil porque el frío se sintió esa noche con inusitada aspereza. Tan fuerte era el "tornillo" que pronto cayó un visitante a pedir alguna manta prestada, restada, porque él y su mujer acampaban en la orilla del lago y se estaban helando. Fuimos a tomar unos mates en compañía de la estoica pareja que en una carpa de montaña y con el escaso bagaje que cupiera en sus mochilas vivían en los lagos desde un tiempo atrás. Nos acomplejaron.

Reiniciamos la marcha bordeando lagos de diferentes tamaños, rodeados de bosques antiquísimos; el perfume de la naturaleza nos acariciaba las fosas nasales; pero ocurre un hecho curioso: se produce un empalagamiento de lago y bosque y casita solitaria con jardín cuidado. La mirada superficial tendida sobre el paisaje capta apenas su uniformidad aburrida sin llegar a ahondar en el espíritu mismo del monte, para lo cual se necesita estar varios días en el lugar.

Al final, llegamos a la punta norte del lago Nahuel Huapi y dormimos en su orilla, contentos y ahítos después del asado enorme que habíamos consumido. Pero al reiniciar la marcha, notamos una pinchadura en la rueda trasera y allí se inició una tediosa lucha con la cámara: cada vez que emparchábamos mordíamos en otro lado la goma, hasta acabar los parches y obligarnos a esperar la noche en el sitio en que amaneciéramos. Un casero austríaco que había sido corredor de motos en su juventud, luchando entre sus deseos de ayudar a colegas en desgracia y su miedo a la patrona, nos dio albergue en un galpón abandonado. En su media lengua nos contó que por la región había un tigre chileno.

—¡Y los tigres chilenos son bravos! Atacan al hombre sin ningún miedo y tienen una enorme melena rubia.

Cuando fuimos a cerrar la puerta nos encontramos que sólo la parte inferior cerraba, era como un box de caballos. El revólver fue puesto a mi cabecera por si el león chileno, cuya sombra ocupaba nuestros cerebros, decidía hacernos una intempestiva visita de medianoche.

Estaba clareando ya cuando me despertó el ruido de unas garras que arañaban la puerta. Alberto a mi lado era todo silencio aprensivo. Yo tenía la mano crispada sobre el revólver gatillado, mientras dos ojos fosforescentes me miraban, recortados en las sombras de los árboles. Como impulsados por un resorte felino se lanzaron hacia adelante, mientras el bulto negro del cuerpo se escurría sobre la puerta. Fue algo instintivo, donde rotos los frenos de la inteligencia, el instinto de conservación apretó el gatillo: el trueno golpeó un momento contra las paredes y encontró el agujero con la linterna encendida, llamándonos desesperadamente: pero nuestro silencio tímido sabía su razón de ser y adivinaba ya los gritos estentóreos del casero y los histéricos gemidos de su mujer echada sobre el cadáver de Boby, perro antipático y gruñón.

Alberto fue a Angostura para arreglar la cubierta y yo debía pasar la noche al raso ya que él volvía y me era imposible pedir albergue en la casa donde éramos asesinos. Un caminero me lo dio, cerca de la moto y me acosté en la cocina con un amigo suyo. A medianoche sentí ruido de lluvia y fui a levantarme para tapar la moto con una lona, pero antes, molesto por el pellón que tenía de almohada, decidí darme unos bombazos con el insuflador y así lo hice, en momentos en que el compañero de pieza se despertaba, al sentir el soplido pegó un respingo y quedó silencioso. Yo adivinaba su cuerpo, tieso bajo las mantas empuñando un cuchillo, sin respirar siquiera. Con la experiencia de la noche anterior decidí quedarme quieto por miedo a la puñalada, no fuera que el espejismo fuera un contagio de la zona.

Llegamos al anochecer del día siguiente a San Carlos de Bariloche y nos alojamos en la Gendarmería Nacional a la espera de que saliera la *Modesta Victoria* hacia la frontera chilena.

Y ya siento flotar mi gran raíz libre y desnuda... y

ESTABAMOS EN LA COCINA de la cárcel al abrigo de la tempestad que afuera se descargaba con toda furia. Yo leía y releía la increíble carta. Así, de golpe, todos los sueños de retorno condicionados a los ojos que me vieran partir de Miramar se derrumbaban, tan sin razón, al parecer. Un cansancio enorme se apoderaba de mí y como entre sueños escuchaba la alegre conversación de un preso trotamundos que hilvanaba mil extraños brebajes exóticos, amparado en la ignorancia que lo rodeaba. Oía su palabra cálida y simpática mientras los rostros de los circundantes se inclinaban para escuchar mejor la revelación, veía como a través de una distante bruma la afirmación de un médico americano que habíamos conocido allí, en Bariloche: "Ustedes llegarán donde se propongan, tienen pasta. Pero me parece que se quedarán en México. Es un país maravilloso".

De pronto me sorprendí a mí mismo volando con el marinero hacia lejanos países, ajeno a lo que debía ser mi drama actual. Me invadió una profunda desazón: es que ni siquiera eso era capaz de sentir.

Empecé a temer por mí mismo e inicié una carta llorona, pero no podía, era inútil insistir.

En la penumbra que nos rodeaba revoloteaban figuras fantasmagóricas pero "ella" no quería venir. Yo creí quererla hasta ese momento en que se reveló mi falta de sentimientos, debía reconquistarla con el pensamiento. Debía luchar por ella, ella era mía, era mía, era m... me dormí.

Un sol tibio alumbraba el nuevo día, el de la partida, la despedida del suelo argentino. Cargar la moto en la *Modesta Victoria* no fue tarea fácil pero con paciencia se llevó a cabo. Y bajarla también fue difícil por cierto. Sin embargo, ya estábamos en ese minúsculo paraje del lago, llamado pomposamente Puerto Blest. Unos kilómetros de camino, tres o cuatro a lo sumo y otra vez agua, ahora, en las de una laguna de un verde sucio, laguna Frías, navegamos un rato, para llegar, finalmente, a la aduana y luego al puesto chileno del otro lado de la cordillera, muy disminuida en su altura en estas latitudes. Allí nos topamos con un nuevo lago alimentado por las aguas del río Tronador, que nace en el imponente volcán del mismo nombre. Dicho lago, el Esmeralda, ofrece, en contraste con los argentinos, unas aguas templadas que hacen agradable la tarea de tomar un baño, muy sentador, por otra parte, a nuestras interioridades personales. Sobre la cordillera, en un lugar llamado Casa Pangue, hay un mirador que permite abarcar un lindo panorama del suelo chileno, es una especie de encrucijada, por lo menos para mí lo era en ese momento. Ahora miraba el futuro, la estrecha faja chilena y lo que viera luego, musitando los versos del epígrafe.

Objetos curiosos

LA BATEA DONDE IBA LA MOTO hacía agua por todos sus poros. Volaban mis sueños a lo lejos mientras me inclinaba rítmico sobre la bomba, desagotando la sentina. Un médico que volvía de Peulla y que viajaba en la lancha encargada de hacer el transporte de pasajeros de un lado a otro del lago Esmeralda, pasó al armatoste que a ella iba amarrado y donde nosotros pagábamos nuestro pasaje y el de la Poderosa con el sudor de las frentes. Un gesto extraño se dibujó en su rostro al vernos tan atareados en desagotar la embarcación, desnudos y casi bañados en el barro aceitoso de la sentina.

Habíamos encontrado a varios médicos de gira en aquel punto y consecuentemente les dimos conferencias sobre leprología, bien condimentada, lo que provocó la admiración de los colegas trasandinos que no cuentan con esta enfermedad entre sus problemas, de modo que no sabían una papa de lepra y de leprosos y confesaron honestamente no haber visto ninguno en su vida. Nos contaron del lejano leprosorio de la isla de Pascua, donde había un número ínfimo de ellos, pero era una isla deliciosa, acotaron, y nuestro yo "científico" comenzó a elucubrar sobre la isla famosa. Con toda discreción el médico nos ofreció lo que necesitáramos, dado el "viaje tan interesante que hacen ustedes", pero en esos días felices del sur chileno teníamos el estómago lleno y las caras blandas todavía y sólo le pedimos alguna recomendación para entrevistar al presidente de la Sociedad de Amigos de la Isla de Pascua, que vivía en Valparaíso, donde ellos residían; por supuesto, accedieron encantados.

Llegó a término el viaje en Petrohué y nos despedimos de todo el mundo, pero antes debimos posar para unas negritas brasileñas que nos adjuntaron a su álbum de recuerdos del sur de Chile y para una pareja de naturalistas de quién sabe qué país de Europa que tomaron muy ceremoniosamente nuestras direcciones para mandar las copias de las fotos. En ese pueblito había un personaje que deseaba llevar una rural hasta Osorno que era también nuestra meta y me propuso el asunto a mí. Mientras Alberto me enseñaba a todo vapor algo sobre cambios de marcha, iba con todo empaque a hacerme cargo de mi puesto. Como en una película de dibujos animados, salí literalmente a los saltos detrás de Alberto que iba en la moto. Cada curva era un suplicio: freno, embrague, primera, segunda, mamáaa. El camino transcurría por un paraje precioso, bordeando el lago Osorno, con el volcán del mismo nombre por centinela pero no estaba en condiciones, en la accidentada ruta, de darle charla al paisaje. Sin embargo, el único accidente lo sufrió un chanchito que empezó a correr delante del coche, en una bajada y cuando todavía no estaba práctico en ese asunto de freno y embrague.

Llegamos a Osorno, pechamos en Osorno, nos fuimos de Osorno; siempre al norte ahora pasando por la deliciosa campiña chilena, parcelada, aprovechada toda, en contraste con nuestro sur tan árido. La gente, sumamente amable, nos acogía con mucha amabilidad en todos lados. Al fin llegamos al puerto de Valdivia, un día domingo. Mientras paseábamos por la ciudad acertamos a pasar por el *Correo de Valdivia* adonde nos hicieron un reportaje muy amable. Valdivia festejaba su cuarto centenario y nosotros dedicamos a la ciudad nuestro viaje como homenaje al gran conquistador cuyo nombre llevaba. Allí nos hicieron escribir una carta para Molinas Luco, el alcalde de Valparaíso, preparándolo para el gran pechazo de la isla de Pascua.

En el puerto, atiborrado de mercaderías, muchas de ellas extrañas a nosotros, en el mercado donde también se vendían comestibles diferentes, en las casitas de madera de los pueblitos chilenos y en la indumentaria especial de sus huasos* se palpaba ya algo totalmente diferente a lo nuestro y algo típicamente americano, impermeable al exotismo que invadió nuestras pampas, tal vez porque la inmigración sajona de Chile no se mezcla y mantiene entonces la pureza completa de la raza aborigen que en nuestro suelo está prácticamente perdida.

Pero con todas las diferencias de costumbres y de giros idiomáticos que nos distinguen del herma-

---

* Campesino chileno.

no delgado del Ande, hay un grito que parece internacional, el "dale agua", con que saludaban la aparición de mis pantalones por media pantorrilla, lo que no era en mí una moda sino herencia de un dadivoso amigo de menor talla.

Los expertos

LA HOSPITALIDAD CHILENA, no me canso de repetirlo, es una de las cosas que hace más agradable un paseo por la tierra vecina. Y nosotros gozábamos de ella con toda la plenitud de nuestros recursos "característicos". Me desperezaba lentamente entre las cobijas, aquilatando el valor de una buena cama y sopesando el contenido calórico de la comida de la noche anterior. Pasé revista a los últimos acontecimientos, a la falaz pinchadura de la Poderosa II que nos dejara, lloviendo, en el medio de camino, a la generosa ayuda de Raúl, el dueño de la cama en que dormíamos, y a la entrevista periodística en el *Austral* de Temuco. Raúl era un estudiante de veterinaria, no extremadamente aplicado al parecer, y el dueño de una camioneta en la que había alzado a la pobre moto y en la que nos había traído hasta este tranquilo pueblo del centro de Chile. En rigor de verdad, hubo un momento en que nuestro amigo hubiera deseado no habernos conocido nunca, ya que constituíamos un feo grano para su reposo, pero él solito se había cavado la sepultura con sus bravatas sobre la plata que gastaba en mujeres, a la que se agregó una invitación directa para ir a visitar un "cabaret" y pasar la noche allí; todo por cuenta de él, como es natural. Ese fue el motivo por el que prolongamos nuestra estada en la tierra de Pablo Neruda, tras de un animado debate en que se arguyó largo y tendido. Pero, por supuesto, al final hubo el esperado inconveniente que obligó a postergar la visita a tan interesante lugar de distracción y, en compensación, ligamos catre y comida. A la una de la mañana habíamos caído lo más orondos a devorar todo lo que había en la mesa, que era bastante y algo más que trajeron después, y a apropiarnos de la cama de nuestro invitante, ya que estaban levantando la casa porque al padre lo trasladaban a Santiago, y no había casi muebles en ella.

Alberto, imperturbable, desafiaba al sol de la mañana a que turbara su sueño de piedra, mientras yo empezaba a vestirme lentamente, tarea que en nosotros no era de una dificultad extrema porque la diferencia entre la vestimenta de cama y la del día la hacían, en general, los zapatos. El diario mostraba toda su plenitud de papel, tan en contraste con nuestros pobres y raquíticos matutinos, pero a mí no me interesaba sino una noticia local que encontré con letras bastante grandes en la segunda sección:

DOS EXPERTOS ARGENTINOS EN LEPROLOGIA
RECORREN SUDAMERICA EN MOTOCICLETA

Y después, con letra más chica:

Están en Temuco y desean visitar Rapa-nui

Allí estaba la condensación de nuestra audacia. Nosotros, los expertos, los hombres clave de la leprología americana, con tres mil enfermos tratados y una vastísima experiencia, conocedores de los centros más importantes del continente e investigadores de las condiciones sanitarias del mismo, nos dignábamos hacer una visita al pueblito pintoresco y tristón que nos acogía ahora. Suponíamos que ellos sabrían valorar en todo su alcance la deferencia que para el pueblo tuvimos, pero supimos poco. Pronto toda la familia estaba reunida en torno al artículo y todos los demás temas del diario eran objeto de un olímpico desprecio. Y así, rodeados de la admiración de todos nos despedimos de ellos, de esa gente de la cual no conservamos ni el recuerdo del apellido.

Habíamos pedido permiso para dejar la moto en el garaje de un señor que vivía en las afueras y allí nos dirigimos encontrándonos con que ya no éramos un par de vagos más o menos simpáticos con una moto a la rastra, no; éramos LOS EXPERTOS, y como tales se nos trataba. Todo el día pusimos en arreglar y acondicionar la máquina y a cada rato la morocha mucama se acercaba a traer algún regalito comestible. A las cinco, luego de un opíparo "once", con que nos invitara el dueño de casa, nos despedimos de Temuco saliendo con rumbo norte.

Las dificultades aumentan

LA SALIDA DE TEMUCO SE CUMPLIO con toda normalidad hasta llegar a la vía de las afueras, allí notamos que la goma trasera estaba pinchada y tuvimos que parar a arreglar. Trabajamos con bastante ahínco pero apenas pusimos el repuesto notamos que perdía aire: se había pinchado también. Aparentemente tendríamos que pasar la noche al raso ya que no había ni que soñar en reparar a la hora en que estábamos, sin embargo, ya no éramos cualquier cosa, sino los expertos; pronto conseguimos un ferroviario que nos llevó a su casa donde nos atendieron a cuerpo de rey.

Temprano llevamos las cámaras y la cubierta a la gomería para que le sacaran unos fierros que estaban incrustados y las emparcharan, y de nuevo, cerca de la caída del sol, partimos; pero antes nos convidaron con una típica comida chilena consistente en guatitas, otro plato similar, todo muy condimentado y un riquísimo vino pipeño, es decir, grosero, sin filtrar. Como siempre, la hospitalidad chilena nos largaba entre San Juan y Mendoza.

Por supuesto, no caminamos mucho, y a menos de 80 kilómetros paramos a dormir en la casa de un guardabosques que se esperaba una propina; como ésta no vino, no nos dio desayuno al día siguiente, de modo que iniciamos la ruta malhumorados y con la intención de pararnos a hacer un fueguito y tomar unos mates, en cuanto hiciéramos algunos kilómetros. Después de andar un trecho, cuando oteaba los costados para indicar el lugar de parar, y sin que nada nos lo anunciara, la moto dio un corcovo de costado y nos mandó al suelo. Alberto y yo, ilesos, examinamos la máquina y le encontramos roto uno de los sostenes de la dirección, pero lo más grave del caso, también se hizo pedazos la caja de velocidades; era imposible seguir y sólo nos restaba esperar pacientemente algún camión comedido que nos llevara hasta un centro poblado.

Pasó un automóvil en sentido contrario y sus ocupantes se bajaron para averiguar qué nos pasaba y ofrecer sus servicios. Nos dijeron que cualquier cosa que necesitaran dos científicos como nosotros la facilitaban con mucho gusto.

—¿Sabe?, lo conocí enseguida por la foto de la prensa —me dijo.

Pero no había nada que pedir, solamente un camión y que fuera para el otro lado. Agradecimos y nos tumbamos a tomar los mates de reglamento, pero enseguida el dueño de una chacrita cercana nos invitó a pasar a su casa y en la cocina nos cebaron dos litros. Allí conocimos el charango, un instrumento musical hecho con tres o cuatro alambres de unos dos metros de largo, colocados en tensión sobre dos latas vacías y todo clavado en un tablón. El músico toma una manopla de metal y con ella raspa los alambres que dan un sonido parecido al de las guitarras para chicos. Cerca de las doce pasó una camioneta, cuyo conductor, a fuerza de ruegos, consintió en llevarnos hasta el próximo pueblo, Lautaro.

Allí conseguimos un lugar en el mejor taller de la zona y también quien se animara a hacer el trabajo de soldadura en aluminio; el chico Luna, un petisito muy simpático que nos convidó a almorzar en su casa, en una o dos oportunidades. Nuestro tiempo se dividía en trabajar sobre la moto y garronear algo de comida en casa de alguno de los muchos curiosos que iban a vernos al garaje. Precisamente al lado había una familia de alemanes, o descendientes de ellos, que nos agasajaban mucho; dormimos en el cuartel.

Ya la moto estaba más o menos arreglada y nos disponíamos a salir al día siguiente de modo que resolvimos tirar una cana al aire en compañía de unos ocasionales amigos que nos convidaron a tomar unas copas. El vino chileno es riquísimo y yo tomaba con una velocidad extraordinaria, de modo que al ir al baile del pueblo me sentía capaz de las más grandes hazañas.

La reunión se desarrolló dentro de un marco de agradable intimidad y nos siguieron llenando la barriga y el cerebro con vino. Uno de los mecánicos del taller, que era particularmente amable, me pidió que bailara con la mujer porque a él le había sentado mal "la mezcla", y la mujer estaba calentita y palpitante y tenía vino chileno y la tomé de la mano para llevarla afuera; me siguió mansamente pero se dio cuenta de que el marido la miraba y me dijo que ella se quedaba; yo ya no estaba en situación de entender razones e iniciamos en el medio del salón una puja que dio por resultado llevarla hasta una de las puertas, cuando ya toda la gente nos miraba, en ese momento intentó tirarme una patada y, como yo seguía arrastrándola le hice perder el equilibrio y cayó al suelo estrepitosamente. Mientras corríamos hasta el pueblo, perseguidos por un enjambre de bailarines enfurecidos, Alberto se lamentaba de todos los vinos que le hubiera hecho pagar al marido.

La Poderosa II
termina su gira

TEMPRANO NOS PUSIMOS sobre la moto hasta ponerla "al pelo" y huimos de parajes que ya no estaban tan hospitalarios para nosotros, después de aceptar la última invitación a almorzar que la familia que estaba al lado del taller nos hiciera.

Alberto, por cábala, no quiso manejar, de modo que salí yo adelante y así recorrimos unos pocos kilómetros para detenernos al fin a arreglar la caja de velocidades que fallaba. Poco más lejos, al frenar en una curva algo cerrada, yendo a bastante velocidad, saltó la mariposa del freno trasero; apareció en la curva la cabeza de una vaca y luego un montón más; me prendí del freno de mano y éste, soldado "a la que te criaste", se rompió también; por unos momentos no vi nada más que formaciones semejantes a vacunos que pasaban velozmente por todos lados, mientras la pobre Poderosa aumentaba su velocidad impulsada por la fuerte pendiente. La pata de la última vaca fue todo lo que tocamos —por un verdadero milagro— y de pronto apareció a lo lejos un río que parecía atraernos con una eficacia aterradora. Largué la moto contra el costado del camino y subió los dos metros de desnivel en un santiamén, quedando incrustada entre dos piedras y nosotros ilesos.

Siempre amparados por la carta de recomendación de la "prensa" fuimos alojados por unos alemanes que nos trataron en forma cordialísima. A la noche me dio un cólico que no sabía cómo parar; tenía vergüenza de dejar un recuerdo en la taza de noche de modo que me asomé a la ventana y entregué al espacio y la negrura todo mi dolor... A la mañana siguiente me asomé para ver el efecto y me encontré con que dos metros abajo había una gran plancha de zinc donde se secaban los duraznos al sol: el espectáculo agregado era impresionante. Volamos de allí.

Aunque el accidente, en un primer momento, parecía no tener importancia, se demostraba ahora nuestro error de apreciación. La moto hacía una serie de cosas raras cada vez que debía afrontar una cuesta. Por fin, iniciamos la trepada de la de Malleco, donde está un puente de ferrocarril que los chilenos consideran el más alto de América; allí plantó bandera la moto y perdimos todo el día esperando un alma caritativa, en forma de camión, que nos llevara hasta la cumbre. Dormimos en el pueblo de Cullipulli (luego de logrado nuestro objetivo) y partimos temprano esperando la catástrofe que se avecinaba ya.

En la primera cuesta brava —de las muchas que por ese camino abundan— quedó la Poderosa, definitivamente anclada. De allí nos llevaron en camión a Los Angeles donde la dejamos en el cuartel de bomberos y dormimos en casa de un alférez del ejército chileno que parecía estar muy agradecido del recibimiento que en nuestra tierra le habían hecho y no hacía más que agasajarnos. Fue nuestro último día de "mangueros motorizados", lo siguiente apuntaba como más difícil: ser "mangueros no motorizados".

Bomberos voluntarios, hombres de trabajo y otras yerbas

EN CHILE NO HAY (creo que sin excepción), cuerpos de bomberos que no sean voluntarios y no por eso se resiente el servicio ya que ocupar una capitanía de alguno de dichos cuerpos es un honor disputado por los más capaces del pueblo o barrios donde prestan servicios. Y no se crea que es una tarea absolutamente teórica; por lo menos en el sur del país los incendios se suceden con una frecuencia notable. No sé si influirá en esto en forma preponderante, las construcciones de madera que son mayoría, el bajo nivel cultural y material del pueblo o algún factor agregado; o todos a la vez. Lo cierto es que en los tres días que estuvimos alojados en el cuartel se declararon dos incendios grandes y uno pequeño (no pretendo hacer creer que éste sea el promedio, pero es un dato exacto).

Me falta aclarar que luego de pernoctar en la casa del tal alférez, resolvimos cambiar de habitación conmovidos por los ruegos de las tres hijas del encargado del edificio del cuartel de bomberos, exponentes de la gracia de la mujer chilena que, fea o linda, tiene un no sé qué de espontáneo, de fresco, que cautiva inmediatamente. Pero me aparto del tema; nos dieron un cuarto donde armar nuestros catres y allí caímos en nuestro habitual sueño de plomo que nos impidió oír las sirenas. Los voluntarios de turno desconocían nuestra existencia de modo que partieron a escape con las autobombas y nosotros seguimos durmiendo hasta bien entrada la mañana siguiente, enterándonos entonces del acontecimiento. Exigimos la promesa de que seríamos de la partida en un próximo incendio y nos dieron seguridades en ese sentido. Ya habíamos conseguido un camión que nos llevaría a los dos días, a bajo precio, hasta Santiago, pero con la condición de que ayudáramos en la mudanza que efectuaba simultáneamente con el traslado de la moto.

Constituíamos una pareja muy popular y siempre teníamos abundante material de conversación con los voluntarios y las hijas del encargado, de modo que los días en Los Angeles volaron. Ante mis ojos que ordenan y anecdotizan el pasado, no aparece, sin embargo, en representación simbólica del pueblo, otra cosa que las furiosas llamas de un incendio: era el último día de permanencia entre nuestros amigos y después de copiosas libaciones demostrativas del bello estado de ánimo con que nos despedían, nos habíamos envuelto en las mantas para dormir, cuando el martilleo, anhelado por nosotros, de las sirenas llamando a los voluntarios de turno, rasgó la noche —y el catre de Alberto que se apuró demasiado en levantarse—. Pronto tomamos ubicación, con la seriedad requerida por el caso, en la bomba "Chile-España" que salió disparada sin alarmar a nadie con el largo quejido de su sirena, demasiado repetido para constituir novedad.

Una casa de madera y adobe palpitaba con cada chorro de agua que caía sobre su esqueleto en llamas mientras el humo acre de la madera quemada desafiaba el estoico trabajo de los bomberos que entre carcajadas y carcajadas protegían las casas vecinas con chorros de agua u otra medida. De la única parte que las llamas no habían atacado aún salía el quejido de un gato que, atemorizado por el fuego, se limitaba a maullar sin atinar a salir por el pequeño espacio que éste dejaba libre a su paso. Alberto vio el peligro, lo midió de una ojeada y luego, de un ágil salto, salvó los veinte centímetros de llamas y recuperó para sus dueños la vida en peligro. Mientras recibía efusivas felicitaciones por su hazaña sin par, le brillaban los ojos de gusto tras el enorme casco que le habían prestado.

Pero todo tiene su fin y Los Angeles nos daba el último adiós. El Che Chico y el Che Grande (Alberto y yo), muy seriamente estrechaban las últimas manos amigas mientras el camión iniciaba su marcha hacia Santiago, llevando en su lomo poderoso el cadáver de la Poderosa II.

Un domingo era el día en que llegamos a la Capital. Como primera medida fuimos al garaje de la Austin, para cuyo dueño teníamos una carta de presentación y nos encontramos con la desagradable sorpresa de que estaba cerrado, pero al fin conseguimos que el encargado admitiera la moto y seguimos para pagar parte del viaje con el sudor de nuestra frente.

La mudanza presentó matices diferentes, el primero, muy interesante, fue ocupado por dos kilos de uva que cada uno ingirió en un santiamén, ayudado por la ausencia de los dueños de la casa; el segundo, por la llegada de éstos y consecuentemente por un trabajo bastante pesado; el tercero, por el descubrimiento que hiciera Alberto de que el ayudante del camionero tenía un amor propio exagerado y algo fuera de tono; el pobre ganó todas las apuestas que le hicimos llevando él solo más muebles que nosotros y el patrón juntos (éste se hizo el "oso" con una clase bárbara).

Con cara de pocos amigos —se le perdona porque era domingo— cayó el cónsul, que habíamos localizado de casualidad, al local donde funcionan las oficinas y nos dio un lugar para dormir en el patio, previa una filípica muy acerba sobre nuestros deberes como ciudadanos, etc., llevó al colmo su generosidad ofreciéndonos doscientos pesos que nosotros con altiva indignación rechazamos. Si los hubiera ofrecido tres meses después, otro gallo le cantara, ¡se salvó!

Santiago tiene el aspecto de Córdoba más o menos. Es su ritmo mucho más rápido y la importancia de su tráfico considerablemente mayor, pero las construcciones, el tipo de calle, el clima y hasta la cara de la gente recuerda nuestra ciudad mediterránea. Fue una ciudad que no pudimos conocer bien pues estuvimos pocos días y muy apremiados por la cantidad de cosas que teníamos que resolver antes de emprender vuelo.

El cónsul peruano se negaba a darnos la visa sin una carta de presentación de su colega argentino y éste se negaba a darla porque decía que era muy difícil que llegáramos en moto y deberíamos pedir ayuda en el camino pasando sobre la embajada (el angelito ignoraba que la moto estaba finada ya), pero al fin se ablandó y nos dieron la visa para entrar al Perú, previo pago de 400 pesos chilenos que era plata para nosotros.

En esos días estaba de visita en Santiago el equipo de waterpolo del club Suquía de Córdoba, de muchos de cuyos muchachos éramos amigos, de modo que fuimos a hacerles una visita de cortesía mientras jugaban su partido y ligamos de paso una comida a la chilena de ésas de: "coma pancito, como quesito, tome otro poquito de vino, etc.", de las que uno se levanta —si puede—, con el auxilio de toda la musculatura auxiliar del tórax. Al día siguiente, estábamos sobre el cerro Santa Lucía, formación rocosa que se eleva en el centro de la ciudad y que tiene su historia aparte, dedicados pacíficamente a la tarea de sacar unas fotos de la ciudad, cuando apareció una caravana de "suqueístas", comandados por algunas beldades del club invitante. Los pobres se mostraron bastante cortados porque dudaban entre presentarnos a las "distinguidas damas de la sociedad chilena", como al fin lo hicieron en este tono, o hacerse los burros (recuérdese nuestra patibularia idiosincrasia, que le dicen), salieron del brete lo más "cancheramente" posible y tan amigos. Tan amigos como pudieran ser personas de mundos tan diferentes como eran ellos y nosotros en ese momento especial de nuestra historia.

Al fin llegó el gran día en que dos lágrimas surcaron simbólicamente las mejillas de Alberto y, dando el postrer adiós a la Poderosa que quedaba en depósito, emprendíamos el viaje hacia Valparaíso, por un magnífico camino de montaña que es lo más bonito que la civilización puede ofrecer a cambio de los verdaderos espectáculos naturales (léase no manchados por la mano del hombre), en un camión que aguantó a pie firme nuestro pechazo.

La sonrisa
de La Gioconda

ESTA ERA UNA NUEVA PARTE de la aventura; estábamos acostumbrados a llamar la atención de los ociosos con nuestros originales atuendos y la prosaica figura de la Poderosa II cuyo asmático resoplido llenaba de compasión a nuestros huéspedes, pero, hasta cierto punto, éramos los caballeros del camino. Pertenecíamos a la rancia aristocracia "vagueril" y traíamos la tarjeta de presentación de nuestros títulos que impresionaban inmejorablemente. Ahora no, ya no éramos más que dos linyeras con el "mono" a cuestas y con toda la mugre del camino condensada en los mamelucos, resabio de nuestra aristocrática condición pasada. El conductor del camión nos había dejado en la parte alta de la ciudad, a la entrada, y nosotros, con paso cansino, arrastrábamos nuestros bultos calle abajo seguidos por la mirada divertida e indiferente de los transeúntes. El puerto mostraba a lo lejos su tentador brillo de barcos mientras el mar, negro y cordial, nos llamaba a gritos con su olor gris que dilataba nuestras fosas nasales. Compramos pan —el mismo pan que tan caro nos parecía en ese momento y encontraríamos tan barato al llegar más lejos aún—, y seguimos calle abajo. Alberto mostraba su cansancio y yo, sin mostrarlo, lo tenía tan positivamente instalado como el suyo, de modo que al llegar a una playa para camiones y automóviles asaltamos al encargado con nuestras caras de tragedia, contando en un florido lenguaje los padecimientos soportados en la ruda caminata desde Santiago. El viejo nos cedió un lugar para dormir, sobre unas tablas, en comunidad con algunos parásitos de ésos cuyo nombre acaba en Hominis, pero bajo techo; atacamos al sueño con resolución. Sin embargo, nuestra llegada había impresionado los oídos de un compatriota instalado en la fonda adjunta, el que se apresuró a llamarnos para conocernos. Conocer en Chile significa convidar y ninguno de los dos estaba en condiciones de rechazar el maná. Nuestro paisano demostraba estar profundamente compenetrado con el espíritu de la tierra hermana y, consecuentemente, tenía una curda de órdago. Hacía tanto tiempo que no comía pescado, y el vino estaba tan rico, y el hombre era tan obsequioso; bueno, comimos bien y nos invitó a su casa para el día siguiente.

Temprano La Gioconda abrió sus puertas y cebamos nuestros mates charlando con el dueño que estaba muy interesado en el viaje. Enseguida, a conocer la ciudad. Valparaíso es muy pintoresca, edificada sobre la playa que da a la Bahía, al crecer, ha ido trepando los cerros que mueren en el mar. Su extraña arquitectura de zinc, escalonada en gradas que se unen entre sí por serpenteantes escaleras o por funiculares, ve realzada su belleza de museo de manicomio por el contraste que forman los diversos coloridos de las casas que se mezclan con el azul plomizo de la bahía. Con paciencia de disectores husmeamos en las escalerillas sucias y en los huecos, charlamos con los mendigos que pululan: auscultamos el fondo de la ciudad, las miasmas que nos atraen. Nuestras narices distendidas captan la miseria con fervor sádico.

Visitamos los barcos en el muelle para ver si alguno sale hacia la isla de Pascua pero las noticias son desalentadoras, ya que hasta dentro de seis meses no sale ningún buque en esa dirección. Recogemos vagos datos de unos aviones que hacían vuelos una vez por mes.

¡La isla de Pascua! La imaginación detiene su vuelo ascendente y que va dando vueltas en torno a ella: "Allí tener un 'novio' blanco es un honor para ellas". "Allí, trabajar, qué esperanza, las mujeres hacen todo, uno come, duerme y las tiene contentas." Ese lugar maravilloso donde el clima es ideal, las mujeres ideales, la comida ideal, el trabajo ideal (en su beatífica inexistencia). Qué importa quedarse un año allí, qué importan estudios, sueldos, familia, etc. Desde un escaparate una enorme langosta de mar nos guiña un ojo, y desde las cuatro lechugas que le sirven de lecho nos dice con todo su cuerpo: "Soy de la isla de Pascua; allí donde está el clima ideal, las mujeres ideales...".

En la puerta de La Gioconda esperábamos pacientemente al compatriota que no daba señales de vida, cuando el dueño se comidió a hacernos entrar para que no nos diera el sol y acto seguido nos convidó con uno de sus magníficos almuerzos a base de pescado frito y sopa de agua. De nuestro coterráneo no tuvimos más noticias en toda nuestra estadía en Valparaíso, pero nos hicimos íntimos del dueño del boliche. Este era un tipo extraño, indolente y lleno de una caridad enorme para cuanto bicho viviente fuera de lo normal se acercara hasta su puerta, cobraba sin embargo, a precio de oro, a los clientes normales, las cuatro porquerías que despachaba en su negocio. En los días que nos quedamos allí no pagamos un centavo y nos llenó de atenciones; hoy por ti, mañana por mí... era su dicho preferido, lo que no indicaría gran originalidad pero era muy efectivo.

Tratábamos de establecer contacto directo con los médicos de Petrohué pero éstos, vueltos a sus quehaceres y sin tiempo para perder, nunca se avenían a una entrevista formal, sin embargo ya los habíamos localizado más o menos bien y esa tarde nos dividimos: mientras Alberto les seguía los pasos yo me fui a ver una vieja asmática que era cliente de La Gioconda. La pobre daba lástima, se respiraba en su pieza ese olor acre de sudor concentrado y patas sucias, mezclado al polvo de unos sillones, única paquetería de la casa. Sumaba a su estado asmático una regular descompensación cardíaca. En estos casos es cuando el médico consciente de su total inferioridad frente al medio, desea un cambio de cosas, algo que suprima la injusticia que supone el que la pobre vieja hubiera estado sirviendo hasta hacía un mes para ganarse el sustento, hipando y penando, pero manteniendo frente a la vida una actitud erecta. Es que la adaptación al medio hace que en las familias pobres el miembro de ellas incapacitado para ganarse el sustento se vea rodeado de una atmósfera de acritud apenas disimulada; en ese momento se deja de ser padre, madre o hermano para convertirse en un factor negativo en la lucha por la vida y como tal, objeto del rencor de la comunidad sana que le echará su enfermedad como si fuera un insulto personal a los que deben mantenerlo. Allí, en estos últimos momentos de gente cuyo horizonte más lejano fue siempre el día de mañana, es donde se capta la profunda tragedia que encierra la vida del proletariado de todo el mundo; hay en esos ojos moribundos un sumiso pedido de disculpas y también, muchas veces, un desesperado pedido de consuelo que se pierde en el vacío, como se perderá pronto su cuerpo en la magnitud del misterio que nos rodea. Hasta cuándo seguirá este orden de cosas basado en un absurdo sentido de casta es algo que no está en mí contestar, pero es hora de que los gobernantes dediquen menos tiempo a la propaganda de sus bondades como régimen y más dinero, muchísimo más dinero, a solventar obras de utilidad social. Mucho no puedo hacer por la enferma: simplemente le doy un régimen aproximado de comidas y le receto un diurético y unos polvos antiasmáticos. Me quedan unas pastillas de dramamina y se las regalo. Cuando salgo, me siguen las palabras zalameras de la vieja y las miradas indiferentes de los familiares.

Alberto ya cazó al médico: al día siguiente a las nueve de la mañana hay que estar en el hospital. En el cuartucho que sirve de cocina, comedor, lavadero, comedero y meadero de perros y gatos, hay una reunión heterogénea. El dueño, con su filosofía sin sutileza, doña Carolina, vieja sorda y servicial que dejó nuestra pava parecida a una pava, un mapuche borracho y débil mental, de apariencia patibularia, dos comensales más o menos normales y la flor de la reunión: doña Rosita, una vieja loca. La conversación gira en torno a un hecho macabro de que Rosita ha sido testigo; porque parece que ha sido la única que observó el momento en que a su pobre vecina un hombre con gran cuchillo la descueró íntegramente.

—Y, ¿gritaba su vecina, doña Rosita?

—Imagínese. Como para no gritar, ¡la pelaba viva! Y eso no es todo, después la llevó hasta el mar y la tiró a la orilla para que se la llevara el agua. ¡Ay, sí, oír gritar a esa mujer partía el alma señor, si usted viera!

—¿Por qué no avisó a la policía, Rosita?

—¿Para qué? ¿Se acuerda cuando la pelaron a su prima?, bueno, fui a hacer la denuncia y me dijeron que estaba loca, que me dejara de cosas raras porque si no me iban a encerrar, fíjese. No, yo no aviso más a la gente ésa.

Después de un rato la conversación gira sobre el enviado de Dios, un prójimo que usa los poderes que le ha dado el Señor para curar la sordera, la mudez, la parálisis, etc., luego pasa el platillo. Parece que el negocio no es más malo que otros del montón. La publicidad de los pasquines es extraordinaria y la credulidad de la gente también, pero eso sí, de las cosas que veía doña Rosita se reían con toda la tranquilidad del mundo.

El recibimiento de los médicos no fue de los exageradamente amables, pero logramos nuestro objetivo pues nos dieron una recomendación para Molinas Luco, el intendente de Valparaíso, y tras de despedirnos con todas las ceremonias posibles, nos dirigimos a la Intendencia. Nuestro aspecto comatoso impresionó desfavorablemente al ordenanza que nos introdujo, pero había recibido órdenes de dejarnos pasar. El secretario nos mostró la copia de una carta que habían mandado en contestación a la nuestra en donde nos explicaban lo imposible de la empresa, ya que había salido el único barco que hacía el recorrido y hasta dentro de un año no había otro. Enseguida pasamos al suntuoso salón del doctor Molinas Luco, quien nos recibió muy amablemente. Daba sin embargo la impresión de que tomara la escena como dentro de una pieza teatral y cuidaba mucho la dicción de su recitado. Solamente se entusiasmó cuando habló de la isla de Pascua, la que él había arrebatado a los ingleses probando que pertenecía a Chile. Nos recomendó que estuviéramos al tanto de lo que pasaba, que el año siguiente nos llevaría.

—Aunque yo no esté aquí, siempre soy el presidente de la Sociedad de Amigos de la Isla de Pascua —nos dijo, como una tácita confesión de la derrota electoral de González Videla. Al salir nos indicó el ordenanza que lleváramos el perro, y ante nuestra extrañeza nos mostró un cachorrito que había hecho sus necesidades sobre la alfombra del vestíbulo y mordisqueaba la pata de una silla. Probablemente el perro nos siguió, atraído por nuestro aspecto de vagabundos, y los porteros lo consideraron una indumentaria más de nuestro estrafalario atavío. Lo cierto es que el pobre animal, al quedar desligado de los lazos que nos unían, recibió un buen par de patadas y lo sacaron aullando. Siempre era un consuelo el saber que había seres cuyo bienestar dependiera de nuestra tutela.

Ahora empeñados en eludir el desierto del norte de Chile viajando por mar, nos dirigimos a todas las compañías navieras solicitando pasaje de garrón para los puertos del norte. En una de ellas, el capitán nos prometió llevarnos si conseguíamos permiso de la gobernación marítima para pagarnos el pasaje trabajando. Por supuesto, la respuesta fue negativa y estábamos como al principio. En ese momento Alberto tuvo una decisión heroica que me comunicó enseguida: subirnos al barco de prepo y escondernos en la bodega.

Pero había que esperar la noche para hacerlo mejor, convencer al marinero de planchada y esperar los acontecimientos. Recogimos nuestros bultos, evidentemente demasiados para la empresa, y tras de despedirnos con grandes muestras de pesar de toda la muchachada cruzamos el portón que guarda el puerto y nos metimos quemando naves en la aventura del viaje marítimo.

Polizones

Pasamos la aduana sin ninguna dificultad y nos dirigimos valientemente a nuestro destino. El barquito elegido, el *San Antonio*, era el centro de la febril actividad del puerto, pero, dado su reducido tamaño, no necesitaba atracar directamente para que alcanzaran los guinches, de modo que había un espacio de varios metros entre el malecón y él. No había más remedio que esperar a que el barco se arrimara más para subir entonces, y filosóficamente esperábamos sentados sobre los bultos el momento propicio. A las doce de la noche se cambió el turno de obreros y en ese momento arrimaron el barco, pero el capitán del muelle, un sujeto con cara de pocos amigos, se paró en la planchada a vigilar la entrada y salida del personal. El guinchero, de quien nos habíamos hecho amigos en el ínterin, nos aconsejó que esperáramos otro momento porque el tipo era medio perro, y allí iniciamos una larga espera que duró toda la noche, calentándonos en el guinche, un antiguo aparato que funcionaba a vapor. El sol salió y nosotros siempre esperando con el bagayo en el muelle.

Ya nuestras esperanzas de subir se habían disipado casi por completo cuando cayó el capitán y con él la planchada nueva que había estado en compostura, de modo que se estableció contacto permanente entre el *San Antonio* y tierra. En ese momento, bien aleccionados por el guinchero, entramos como Pedro por su casa y nos metimos con todos los bultos a la parte de la oficialidad, encerrándonos en un baño. De ahí en adelante nuestra tarea se limitó a decir con voz gangosa: "no se puede", o "está ocupado", en la media docena de oportunidades en que alguien se acercó.

Las doce eran ya y recién salía el barco, pero nuestra alegría había disminuido bastante, ya que la letrina tapada, al parecer desde hacía bastante tiempo, despedía un olor insoportable y el calor era muy intenso. Cerca de la una, Alberto había vomitado todo lo que tenía en el estómago, y a las cinco de la tarde, muertos de hambre y sin costa a la vista, nos presentamos ante el capitán para exponer nuestra situación de polizones. Este se sorprendió bastante al vernos de nuevo y en esas circunstancias, pero para disimular delante de los otros oficiales nos guiñó un ojo aparatosamente mientras nos preguntaba con voz de trueno:

—¿Ustedes creen que para ser viajeros lo único que hay que hacer es meterse en el primer barco que encuentran? ¿No han pensado las consecuencias que les va a traer esto?

La verdad es que no habíamos pensado nada.

Llamó al mayordomo y le encargó que nos diera trabajo y algo de comida, muy contentos devoramos nuestra ración; cuando me enteré que era el encargado de limpiar la famosa letrina la comida se me atragantó en la garganta, y cuando bajaba protestando entre dientes, perseguido por la mirada cachadora de Alberto, encargado de pelar las papas, confieso que me sentí tentado a olvidar todo lo que se hubiera escrito sobre reglas de compañerismo y pedir cambio de oficio. ¡Es que no hay derecho! El añade su buena porción a la porquería acumulada allí, y la limpio yo.

Después de cumplir a conciencia nuestros menesteres, nos llamó nuevamente el capitán, esta vez para recomendarnos que no dijéramos nada sobre la entrevista anterior, que él se encargaría de que no pasara nada al llegar a Antofagasta, que era el destino del buque. Nos dio para dormir el camarote de un oficial franco de servicio y esa noche nos convidó a jugar a la canasta y tomarnos unas copitas de paso. Después de un sueño reparador nos levantamos con todo el consentimiento de que es exacto ese refrán que dice "escoba nueva barre bien", y trabajamos con gran ahínco dispuestos a pagar con creces el valor del pasaje. Sin embargo a las doce del día nos pareció que nos estaban apurando demasiado y a la tarde ya estábamos definitivamente convencidos de que somos un par de vagos de la más pura cepa concebible. Pensábamos dormir bien y trabajar algo al día siguiente, amén de lavar toda nuestra ropa sucia, pero el capitán nos invitó nuevamente a jugar a las barajas y se acabaron nuestros buenos proyectos.

Aproximadamente una hora invirtió el mayordomo, bastante antipático, por cierto, para conseguir que nos levantáramos a trabajar. A mí me encargó que limpiara los pisos con querosén, tarea en que invertí todo el día sin acabarla; el acomodado de Alberto, siempre en la cocina, comía a más y mejor, sin preocuparse mayormente por discriminar qué era lo que caía en su estómago.

Por la noche, luego de agotadores partidos de canasta, mirábamos el mar inmenso, lleno de reflejos verdiblancos, los dos juntos, apoyados en la borda, pero cada uno muy distante, volando en su propio avión hacia las estratosféricas regiones del ensueño. Allí comprendimos que nuestra vocación, nuestra verdadera vocación, era andar eternamente por los caminos y mares del mundo. Siempre curiosos; mirando todo lo que aparece ante nuestra vista. Olfateando todos los rincones, pero siempre tenues, sin clavar nuestras raíces en tierra alguna, ni quedarnos a averiguar el sustratum de algo; la periferia nos basta. Mientras todos los temas sentimentales que el mar inspira pasaban por nuestra conversación, las luces de Antofagasta empezaron a brillar en la lejanía, hacia el nordeste. Era el fin de nuestra aventura como polizones, o, por lo menos, el fin de esta aventura, ya que el barco volvía a Valparaíso.

Esta vez, fracaso

Lo veo ahora, patente, el capitán borracho, como toda su oficialidad y el bigotudo patrón de la embarcación vecina, con su gesto adusto por el vino malo. Y las risas furiosas de los presentes mientras relataban nuestra odisea: Son unos tigres, oye; y seguro que ahora están en tu barco, ya lo verás en altamar. Esta frase o una parecida tiene que haber deslizado el capitán a su colega y amigo. Pero nosotros no sabíamos nada, faltaba sólo una hora para que zarpara el barco y estábamos perfectamente instalados, cubiertos totalmente por unas toneladas de perfumados melones, comiendo a tres carrillos. Conversábamos sobre lo gauchos que eran los "maringotes" ya que con la complicidad de uno de ellos habíamos podido subir y escondernos en tan seguro lugar, cuando oímos la voz airada y un par de bigotes, que se nos antojaron mayores, en aquel momento emergieron de quién sabe qué ignoto lugar sumiéndonos en una confusión espantosa. La larga hilera de cáscaras de melón perfectamente pulidas, flotaban en fila india sobre el mar tranquilo. Lo demás fue ignominioso. Después nos decía el marinero:

—Yo lo hubiera desorientado, muchachos, pero vio los melones y al tiro inició una p... que no se salvó la madre ni de su hijo, creo. Tiene un vino malo el capitán, muchachos. —Y después (como con vergüenza)...— ¡No hubieran comido tanto melón, muchachos!

Uno de nuestros viejos compañeros del *San Antonio* resumió toda su brillante filosofía en esta galana frase:

—Compañeros, están a la hueva de puro huevones, ¿por qué no se dejan de huevadas y se van a huevar a su huevona tierra?

Y algo así hicimos: tomamos los bártulos y partimos rumbo a Chuquicamata, la famosa mina de cobre.

Pero no era una sola jornada. Hubo un paréntesis de un día en el cual solicitamos permiso a las autoridades de la mina para visitarla y fuimos despedidos como corresponde por los entusiastas marineros báquicos.

Tumbados bajo la sombra magra de dos postes de luz, al principio del árido camino que conduce a los yacimientos, pasamos buena parte del día intercambiando algún grito de poste a poste, hasta que se dibujó en el camino la silueta asmática del camioncito que nos llevó hasta la mitad del recorrido, un pueblo llamado Baquedano.

Allí nos hicimos amigos de un matrimonio de obreros chilenos que eran comunistas. A la luz de una vela con que nos alumbrábamos para cebar el mate y comer un pedazo de pan y queso, las faccio-

nes contraídas del obrero ponían una nota misterio-
sa y trágica, en su idioma sencillo y expresivo contaba de sus tres meses de cárcel, de la mujer ham-
brienta que lo seguía con ejemplar lealtad, de sus
hijos, dejados en la casa de un piadoso vecino, de
su infructuoso peregrinar en busca de trabajo, de los
compañeros misteriosamente desaparecidos, de los
que se cuenta que fueron fondeados en el mar.

El matrimonio aterido, en la noche del desierto,
acurrucados uno contra el otro, era una viva representación del proletariado de cualquier parte del
mundo. No tenían ni una mísera manta con que ta-
parse, de modo que le dimos una de las nuestras y
en la otra nos arropamos como pudimos Alberto y
yo. Fue ésa una de las veces en que he pasado más
frío, pero también en la que me sentí un poco más
hermanado con ésta, para mí, extraña especie humana...

A las 8 de la mañana conseguimos el camión
que nos llevara hasta el pueblo de Chuquicamata y
nos separamos del matrimonio que estaba por ir a
las minas de azufre de la cordillera; allí donde el clima es tan malo y las condiciones de vida tan peno-
sas que no se exige carnet de trabajo ni se le pregunta a nadie cuáles son sus ideas políticas. Lo
único que cuenta es el entusiasmo con que el obrero vaya a arruinar su vida a cambio de las migajas
que le permiten la subsistencia.

A pesar de que se había perdido la desvaída silueta de la pareja en la distancia que nos separaba,
veíamos todavía la cara extrañamente decidida del
hombre y recordábamos su ingenua invitación:

—Vengan camaradas, comamos juntos, vengan,

yo también soy atorrante —con que nos mostraba en el fondo su desprecio por el parasitismo que veía en nuestro vagar sin rumbo.

Realmente apena que se tomen medidas de represión para personas como éstas. Dejando de lado el peligro que puede ser o no para la vida sana de una colectividad "el gusano comunista", que había hecho eclosión en él, no era nada más que un natural anhelo de algo mejor, una protesta contra el hambre inveterada traducida en el amor a esa doctrina extraña cuya esencia no podría nunca comprender, pero cuya traducción: "pan para el pobre" eran palabras que estaban a su alcance, más aún, que llenaban su existencia.

Y aquí los amos, los rubios y eficaces administradores impertinentes que nos decían en su media lengua:

—Esto no es una ciudad turística, les daré un guía que les muestre las instalaciones en media hora y después harán el favor de no molestarnos más, porque tenemos mucho trabajo.

La huelga se venía encima. Y el guía, el perro fiel de los amos yanquis: "Gringos imbéciles, pierden miles de pesos diarios en una huelga, por negarse a dar unos centavos más a un pobre obrero, cuando suba mi general Ibáñez esto se va a acabar". Y un capataz poeta: "Esas son las famosas gradas que permiten el aprovechamiento total del mineral de cobre, mucha gente como ustedes me preguntan muchas cosas técnicas pero es raro que averigüen cuántas vidas ha costado, no puedo contestarles, pero muchas gracias por la pregunta, doctores".

Eficacia fría y rencor impotente van mancomunados en la gran mina, unidos a pesar del odio por la necesidad común de vivir y especular de unos y de otros, veremos si algún día, algún minero tome un pico con placer y vaya a envenenar sus pulmones con consciente alegría. Dicen que allá, de donde viene la llamarada roja que deslumbra hoy al mundo, es así, eso dicen. Yo no sé.

Chuquicamata

CHUQUICAMATA PARECE SER la escena de un drama moderno. No se puede decir que carezca de belleza, pero una belleza sin gracia, imponente y glacial es la que tiene. Cuando se acerca uno a la zona de la mina, parece que todo el panorama se concentra para dar una sensación de asfixia en la llanura. Llega un momento, tras de 200 kilómetros recorridos, en que el leve matiz verde con que el pueblito de Calama interrumpe la monotonía gris, es recibido con el alborozo que merece su verdadera condición de oasis en el desierto. ¡Y qué desierto!, calificado por su observatorio climatológico de Moctezuma, cerca de "Chuqui", como el más seco del mundo. Sin una mata que pueda crecer en sus tierras salitrosas, los cerros, indefensos frente al ataque de los vientos y las aguas, muestran sus grises lomos prematuramente avejentados en la lucha contra los elementos, con arrugas de ancianos que no coinciden con su edad geológica. Allí, cuántos de estos escoltas de su famoso hermano no encerrarán en sus pesados vientres parecidas riquezas a las de aquél, mientras esperan los brazos áridos de las palas mecánicas que devoren sus entrañas, con el obligado condimento de vidas humanas: las de esos pobres héroes ignorados de esta batalla que mueren miserablemente en las mil trampas con que la naturaleza defiende sus tesoros, sin otro ideal que el de alcanzar el pan de cada día.

Chuquicamata está constituida esencialmente por un cerro cuprífero cuya enorme masa está surcada por gradas de 20 metros de altura, de donde el mineral extraído es fácilmente transportado por ferrocarril. La peculiar conformación de la veta hace que toda la extracción se realice a cielo abierto, permitiendo con ello el aprovechamiento industrial del mineral que tiene una ley de 1% de cobre. Todas la mañanas se dinamita el cerro y grandes palas mecánicas cargan el material que se lleva por ferrocarril hasta los molinos donde se tritura. Esta molienda se ejecuta en tres pasajes sucesivos que dejan el material convertido en ripio de mediano tamaño. Se pone entonces en presencia de una solución de ácido sulfuroso que extrae el cobre bajo la forma de sulfato, formando también cloruro cuproso, que puesto en presencia de una molienda de hierro viejo se transforma en cloruro férrico. De aquí el líquido es llevado a la llamada "casa verde", donde la solución de sulfato de cobre es puesta en grandes tinas y sometida durante una semana a una corriente de 30 voltios que provoca la electrólisis de la sal, quedando el cobre adherido a las planchas finas del mismo metal que previamente se había formado en otras piletas con soluciones más ricas. Al cabo de cinco o seis días la plancha está lista para ir a la fundición; la solución ha perdido de 8 a 10 gramos de sulfato por litro y pasa a enriquecerse en presencia de nuevas cantidades de molido del material. Las placas formadas son puestas en hornos que las arrojan luego de doce horas de fundición a más de 2.000° C, convirtiéndolas en panes de 350 libras de peso. Todas las noches baja a Antofagasta un convoy de 45 vagones transportando más de 20 toneladas de cobre cada uno, resultado de la labor del día.

Esto es en síntesis, y profanamente explicado, el proceso de elaboración que en Chuquicamata mantiene una población flotante de unas 3.000 almas; pero en esta forma sólo se extrae el mineral al estado de óxido. La Chile Exploration Company está instalando una planta anexa para aprovechar el mineral en forma de sulfuros. Esta planta, la más grande del mundo en su tipo, tiene dos chimeneas de 96 metros de alto cada una y absorberá casi toda la producción de los próximos años, mientras la vieja funcionará a tren reducido, ya que la capa de mineral al estado de óxido está próxima a agotarse. Para cubrir las necesidades de la nueva fundición hay ya acumulado un enorme stock de material en bruto que será elaborado a partir del año 1954 en que iniciará su labor la planta.

Chile es productor del 20% del total de cobre del mundo, y en estos momentos inciertos de preguerra en que este metal ha tomado vital importancia por ser insustituible en algunos tipos de armas de destrucción, se libra en este país una batalla de orden económico-político entre los partidarios de la nacionalización de las minas que une a las agrupaciones de izquierda y nacionalistas y los que, basándose en el ideal de la libre empresa, juzgan que es mejor una mina bien administrada (aun en manos extranjeras) a la dudosa administración que pueda hacer el Estado. Lo cierto es que desde el Congreso se han hecho severas acusaciones a las compañías usufructuarias de las concesiones actuales, reveladoras de un ambiente de aspiraciones nacionalistas sobre la propia producción.

Sea cual fuere el resultado de la batalla, bueno sería que no se olvidara la lección que enseñan los cementerios de las minas, aun conteniendo sólo una pequeña parte de la inmensa cantidad de gente devorada por los derrumbes, el sílice y el clima infernal de la montaña.

Kilometraje árido

YA SIN LA CARAMAÑOLA, el problema de internarse a pie en aquel desierto se agrava mucho, sin embargo, desaprensivamente nos internamos en él, dejando atrás la barrera que marca el límite de la ciudad de Chuquicamata. Nuestro paso fue muy atlético mientras estuvimos al alcance de la mirada de los pobladores del lugar, pero luego, la soledad enorme de los Andes pelados, el sol que caía a plomo sobre nuestras cabezas, el peso de las mochilas mal distribuido y peor sujeto, nos llamaron a la realidad. Hasta qué punto era heroica nuestra posición, como la calificara uno de los carabineros, se nos escapaba, pero empezábamos a sospechar, y creo que con fundamento, que la palabra definitoria debía rondar alrededor del adjetivo estúpido.

A las dos horas de camino, diez kilómetros a lo más, plantamos bandera a la sombra de un mojón que señalaba qué sé yo qué cosa, único objeto capaz de ofrecernos siquiera algún abrigo contra los rayos del sol. Y allí permanecimos todo el día, corriéndonos de manera de recibir el haz de sombra del palo en los ojos por lo menos.

El litro de agua que llevábamos fue rápidamente consumido y al atardecer, con la garganta seca, emprendimos el camino hacia la garita que custodia la barrera, completamente vencidos.

Pasamos la noche allí mismo, refugiados en el interior del cuartucho, donde un fuego bastante vivo mantenía la temperatura agradable a pesar del frío que hacía afuera. El sereno, con la proverbial amabilidad chilena, nos obsequió su comida, magro festín para un día entero de ayuno, pero superior a nada.

A la madrugada del día siguiente pasó la camioneta de una compañía cigarrera que nos acercó a nuestro punto de destino, pero mientras ellos debían seguir directamente hasta el puerto de Tocopilla nosotros pensábamos tomar rumbo norte para tratar de llegar a Ilave, de modo que nos dejaron en el cruce de ambos caminos. Echamos a andar con el ánimo de llegar a una casa que sabíamos ubicada a ocho kilómetros, pero justo a la mitad del camino nos cansamos y resolvimos dormir una siesta. Tendimos una de las mantas entre el poste del telégrafo y una piedra del camino y nos acostamos abajo tomando un verdadero baño turco nuestro cuerpo, mientras los pies se bañaban en sol.

A las dos o tres horas de siesta, cuando habíamos perdido como tres litros de agua cada uno, acertó a pasar un fordcito en el que iban tres nobles ciudadanos con una tranca de órdago cantando cuecas a pleno pulmón. Eran huelguistas de la mina de Magdalena que festejaban por adelantado el triunfo de la causa del pueblo, curándose de lo lindo. Los borrachos iban hasta una estación de las inmediaciones donde nos dejaron. Allí nos encontramos con un grupo de camineros que estaban en una práctica de fútbol, ya que debían enfrentarse a una cuadrilla rival. Alberto sacó de la mochila un par de alpargatas y empezó a dictar su cátedra. El resultado fue espectacular: contratados para el partido del domingo siguiente; sueldo, casa, comida y transporte hasta Iquique.

Pasaron dos días hasta que llegó el domingo jalonado por una espléndida victoria de la cuadrilla en que jugábamos los dos y unos chivos asados que Alberto preparó de modo de maravillar a la concurrencia con el arte culinario argentino. En los dos días de espera nos dedicamos a visitar las instalaciones depuradoras de nitratos, de las que hay un montón en esa parte de Chile.

Realmente, no les cuesta mucho trabajo a sus explotadores extraer la riqueza mineral de esta parte del mundo. No hay más que sacar la capa superficial que es la que contiene el mineral y llevarlo a grandes tinas donde se lo somete a un no muy complicado proceso separador que da por resultado la extracción de los nitratos, nitritos y yodo que contiene la mezcla. Al parecer los primeros explotadores fueron los alemanes, pero luego les expropiaron las fábricas y el resultado es que ahora las tienen los ingleses, en gran parte. Las dos más grandes en cuanto a ritmo de producción y cantidad de obreros empleados estaban en ese momento en huelga y quedaban al sur de nuestro camino, de modo que resolvimos no visitarlas. En cambio visitamos un establecimiento bastante grande, La Victoria, que tiene en su entrada un monolito señalando el lugar donde murió Héctor Supicci Sedes, el magnífico corredor uruguayo, atropellado por otro corredor en el momento en que salía de abastecerse.

Una sucesión de camiones nos transportó por todas esas regiones hasta llegar finalmente a Iquique tibiamente envueltos en un manto de alfalfa que era la carga que llevaba el camión que hasta allí nos acercara. La llegada, con el sol saliendo por detrás nuestro reflejándose en el mar de un azul purísimo a esa hora, tenía apariencias de episodio de las mil y una noches. Como una alfombra mágica aparecía el camión en los acantilados que dominan el puerto y en un vuelo sesgado y gruñón, con la primera frenando la caída, veíamos cómo se acercaba el plano completo de la ciudad, totalmente abarcada desde nuestro observatorio.

En Iquique no había un solo barco, ni argentino ni de otra naturaleza, de modo que la permanencia en el puerto era totalmente inútil y resolvimos pechar el primer camión que rumbo a Arica saliera.

Acaba Chile

LOS LARGOS KILOMETROS que median entre Iquique y
Arica transcurren entre subidas y bajadas continuas
que nos llevaban desde mesetas áridas hasta valles
en cuyo fondo corría un hilo de agua, apenas suficiente para permitir crecer a unos raquíticos arbolitos
a su vera. En estas pampas de una aridez absoluta
hace de día un calor bochornoso y refresca bastante
al llegar la noche, característica de todo clima desértico, por otra parte; realmente impresiona el pensar
que por estos lados cruzó Valdivia con su puñado de
hombres, recorriendo 50 o 60 kilómetros sin encontrar una gota de agua y ni siquiera un arbusto para
guarecerse en las horas de más calor. El conocimiento del lugar por donde pasaran aquellos conquistadores, eleva automáticamente la hazaña de Valdivia y
sus hombres para colocarla a la altura de las más notables de la colonización española, superior sin duda
a aquellas que perduran en la historia de América
porque sus afortunados realizadores encontraron al
fin de la aventura guerrera el dominio de reinos ri-
quísimos que convirtieron en oro el sudor de la con-

quista. El acto de Valdivia representa el nunca desmentido afán del hombre por obtener un lugar donde ejercer su autoridad irrefutable. Aquella frase atribuida a César, en que manifiesta preferir ser el primero en la humilde aldea de los Alpes por la que pasaban a ser segundo en Roma, se repite con menos ampulosidad, pero no menos efectivamente, en la epopeya de la conquista de Chile. Si en el momento en que el indómito arauco por el brazo de Caupolicán arrebatara la vida al conquistador, su último momento no hubiera sido rebasado por la furia del animal acosado, no dudo que en un examen de su vida pasada encontraría Valdivia la plena justificación de su muerte como gobernante omnímodo de un pueblo guerrero, ya que pertenecía a ese especial tipo de hombre, que las razas producen cada tanto tiempo, en los que la autoridad sin límites es el ansia inconsciente a veces que hace parecer natural todo lo que por alcanzarla sufran.

Arica es un puertito simpático que todavía no ha perdido el recuerdo de sus anteriores dueños, los peruanos, formando una especie de transición entre los dos países, tan diferentes a pesar de su contacto geográfico y su ascendencia común.

El morro, orgullo del pueblo, eleva su imponente masa de 100 metros de altura cortada a pico. Las palmeras, el calor y los frutos subtropicales que se venden en los mercados le dan una especial fisonomía de pueblo del Caribe o algo así, totalmente diferente de sus colegas de algo más al sur.

Un médico, que nos mostró todo el desprecio que un burgués afincado y económicamente sólido puede sentir por un par de vagos (aun con título), nos permitió dormir en el hospital del pueblo. Temprano huimos del poco hospitalario lugar para ir directamente hacia la frontera y entrar en Perú. Antes nos despedimos del Pacífico con el último baño (con jabón y todo) lo que sirvió para despertar un dormido anhelo de Alberto: comer algún marisco. Y allí iniciamos la paciente búsqueda de almejas y otras yerbas por la playa en unos acantilados. Algo baboso y salado comimos, pero no distrajo nuestra hambre, ni satisfizo el antojo de Alberto, ni nos dio ningún placer de grumete porque las babas eran bastante desagradables y así, sin nada que las acompañara, peor.

Después de comer en la policía salimos a nuestra hora acostumbrada, a marcar el paso por la costa hasta la frontera; sin embargo, una chatita nos recogió y fuimos al puesto fronterizo cómodamente instalados. Allí nos encontramos con un aduanero que había trabajado en la frontera con la Argentina de modo que conocía y comprendía nuestra pasión por el mate y nos dio agua caliente, bollitos y, lo que es más, un vehículo que nos llevara hasta Tacna. Con el apretón de manos acompañado de una serie de ampulosos lugares comunes sobre los argentinos en Perú, con que nos recibió muy amablemente el jefe del destacamento al llegar a la frontera, dimos el adiós a la hospitalaria tierra chilena.

Chile, ojeada de lejos

AL HACER ESTAS NOTAS DE VIAJE, en el calor de mi entusiasmo primero y escritas con la frescura de lo sentido, escribí algunas extravagancias y en general creo haber estado bastante lejos de lo que un espíritu científico podría aprobar. De todas maneras, no me es dado ahora, a más de un año de aquellas notas, dar la idea que en este momento tengo sobre Chile; prefiero hacer una síntesis de lo que escribí antes.

Empecemos por nuestra especialidad médica: el panorama general de la sanidad chilena deja mucho que desear (después supe que era muy superior a la de otros países que fui conociendo). Los hospitales absolutamente gratuitos son muy escasos y en ellos hay carteles como el siguiente: "¿Por qué se queja de la atención si usted no contribuye al sostenimiento de este hospital?". A pesar de esto, en el norte suele haber atención gratuita pero el pensionado es lo que prima; pensionado que va desde cifras irrisorias, es cierto, hasta verdaderos monumentos al robo legal. En la mina de Chuquicamata los obreros accidentados o enfermos gozan de asistencia médica y socorro hospitalario por la suma de cinco escudos diarios (chilenos), pero los internados ajenos a la planta pagan entre 300 y 500 diarios. Los hospitales son pobres, carecen en general de medicamentos y salas adecuadas. Hemos visto salas de operaciones mal alumbradas y hasta sucias y no en pebluchos sino en el mismo Valparaíso. El instrumental es insuficiente. Los baños muy sucios. La conciencia sanitaria de la nación es escasa. Existe en Chile (después lo vi en toda América prácticamente), la costumbre de no tirar los papeles higiénicos usados a la letrina, sino afuera, en el suelo o en cajones puestos para eso.

El estado social del pueblo chileno es más bajo que el argentino. Sumado a los bajos salarios que se pagan en el sur, existe la escasez de trabajo y el poco amparo que las autoridades brindan al trabajador (muy superior, sin embargo, a la que brindan las del norte de América del Sur), hecho que provoca verdaderas olas de emigración chilena a la Argentina en busca del soñado país del oro que una hábil propaganda política se ha encargado de mostrar a los habitantes del lado oeste de los Andes. En el norte se paga mejor al obrero en las minas de cobre, salitre, azufre, oro, etc., pero la vida es mucho más cara, se carece en general de muchos artículos de consumo de primera necesidad y las condiciones climáticas son muy bravas en la montaña. Recuerdo el sugestivo encogimiento de hombros con que un jefe de la mina Chuquicamata contestó a mis preguntas sobre la indemnización pagada a la familia de los 10.000 o más obreros sepultados en el cementerio de la localidad.

El panorama político es confuso (esto fue escrito antes de las elecciones que dieran el triunfo a Ibáñez), hay cuatro aspirantes al mando, de los cuales Carlos Ibáñez del Campo parece ser el primer ganador; es un militar retirado con tendencias dictatoriales y miras políticas parecidas a las de Perón que inspira al pueblo un entusiasmo de tipo caudillesco. Basa su acción en el partido Socialista Popular, al que se unen fracciones menores. El segundo lugar, a mi manera de ver, estará ocupado por Pedro Enrique Alfonso, candidato del oficialismo, de política ambigua, al parecer amigo de los americanos y de coquetear con los demás partidos políticos. El abanderado del derechismo es Arturo Matte Larraín, potentado que es yerno del difunto presidente Alessandri y cuenta con el apoyo de todos los sectores reaccionarios de la población. En último término está Salvador Allende, candidato del Frente del Pueblo, que tiene el apoyo de los comunistas, los que han visto mermados sus cuadros en 40.000 votos, que es la cifra de las personas despojadas del derecho a votar por haber sido afiliados a dicho partido.

Es probable que el señor Ibáñez haga una política de latinoamericanismo y se apoye en el odio a Estados Unidos para conseguir popularidad y la nacionalización de las minas de cobre y otros minerales (el conocimiento de los enormes yacimientos que los americanos tienen en el Perú, prácticamente listos para empezar la producción, disminuyó mucho mi confianza en que sea factible la nacionalización de estas minas, por lo menos en un plazo breve), completar la del ferrocarril, etc., y aumentar en gran proporción el intercambio argentino-chileno.

Como país, Chile ofrece posibilidades económicas a cualquier persona de buena voluntad que no pertenezca al proletariado, vale decir, que acompañe su trabajo de cierta dosis de cultura o preparación técnica. Tiene en su territorio facilidad para sustentar la cantidad suficiente de ganado como para abastecerse (lanar sobre todo), cereales en cantidad aproximadamente necesaria y minerales como para convertirse en un poderoso país industrial, ya que tiene minas de hierro, cobre, hulla, estaño, oro, plata, manganeso, salitre. El esfuerzo mayor que debe hacer es sacudirse el incómodo amigo yanqui de las espaldas y esa tarea es, al menos por el momento, ciclópea, dada la cantidad de dólares invertidos por éstos y la facilidad con que pueden ejercer una eficaz presión económica en el momento en que sus intereses se vean amenazados.

Tarata, el mundo nuevo

APENAS UNOS METROS nos separaban del puesto de la Guardia Civil que marca el final del pueblo y ya las mochilas nos pesaban como si hubiéramos centuplicado la carga. El sol picaba, y, como siempre, estábamos demasiado abrigados para la hora, aunque después pasaríamos frío. El camino subía rápidamente y poco tiempo después llegábamos a la pirámide que veíamos desde el pueblo, construida en homenaje a los caídos en la guerra contra Chile. Allí decidimos hacer nuestro primer alto y tentar suerte con los camiones que pasaran. Los cerros pelados, casi sin una mata, era todo lo que se veía en la dirección de nuestro camino; el apacible Tacna quedaba achicado aún más por la distancia, con sus callecitas de tierra y sus tejados rojizos. El primer carro produjo en nosotros la gran conmoción: hicimos seña tímidamente y ante nuestra sorpresa el conductor paró frente a nosotros. Alberto, encargado de las operaciones, explicó con palabras archiconocidas para mí el significado del viaje y pidió que nos llevara; el camionero hizo un gesto afirmativo y nos indicó que subiéramos atrás, en compañía de una montonera de indios; con nuestro equipaje a cuestas y locos de gusto nos disponíamos a trepar, cuando nos volvió a llamar:

—¿Ya saben, no?, hasta Tarata cinco soles.

Alberto furioso le preguntó para qué nos decía que sí antes, si le habíamos pedido que nos llevara en forma gratuita. En forma gratuita él no sabía bien lo que era, pero hasta Tarata cinco soles...

"Y todos serán como éste", dijo Alberto, pero en esa sencilla frase estaba concentrada toda la rabia que tenía contra mí, que había sido el promotor de la idea de salir a pie para atajar a los camiones en el camino y no esperarlos en la ciudad como él quería. En ese momento la encrucijada era sencilla: o volvíamos atrás, que era declararse derrotados, o seguíamos adelante pasara lo que pasara. Nos decidimos por el último camino y seguimos la marcha. Que nuestro proceder no era del todo cuerdo lo hacían notar muy claramente el sol que se pondría dentro de poco y la ausencia total de señales de vida. Sin embargo, supusimos que tan cerca de la ciudad habría alguna que otra casita y ayudados por esta ilusión, seguimos viaje.

Ya era noche cerrada y no habíamos encontrado ningún signo de habitación, y lo peor era que no teníamos agua para hacer comida o un poco de mate. El frío arreciaba; el clima desértico de la zona y lo que habíamos trepado influían para apretar el "tornillo". Nuestro cansancio era muy grande. Resolvimos tirar las mantas en el suelo y dormir hasta la madrugada. A tientas colocamos nuestras mantas, ya que la noche sin luna era muy oscura, y nos arropamos lo mejor que pudimos.

A los cinco minutos Alberto me informaba que estaba yerto y yo le contestaba que más yerto estaba mi pobre cuerpo. Como no era eso un concurso de heladeras, resolvimos afrontar la situación y buscar algunas ramas con que prender un fueguito y pusimos manos a la obra. El resultado fue prácticamente nulo: entre los dos conseguimos un manojo de ramas que hicieron un fuego tímido, incapaz de calentar nada. El hambre nos tenía molestos, pero el frío mucho más, a tal punto que ya no podíamos estar recostados mirando las cuatro brasas de nuestro fogón. Hubo que levantar campamento y seguimos en la oscuridad. Al principio, para entrar en calor, iniciamos un paso ligero, pero nuestra respiración se hizo anhelosa al poco rato. Debajo de la campera sentía el sudor que me corría pero tenía los pies insensibles y el vientecito que daba en la cara cortaba como cuchillo. A las dos horas estábamos prácticamente rendidos; el reloj marcaba las 12.30 a.m. Calculando con mucho optimismo, nos quedaban cinco horas de noche. Nueva deliberación y nueva prueba a dormir con nuestras mantas. A los cinco minutos seguíamos viaje. Bien de noche era todavía cuando un faro se vio a lo lejos; no era cosa de entusiasmarse demasiado con las posibilidades de que nos alzara pero por lo menos podríamos ver el camino. Y así fue: un camión pasó indiferente a nuestros histéricos reclamos y su estela de luz alumbró un campo yermo, sin una mata o una casa. Después es todo confuso, cada minuto era más lerdo que el precedente, y los últimos tenían magnitud de horas. Dos o tres veces el lejano ladrido de algún perro nos dio algo de esperanza, pero la noche cerrada no mostraba nada y los perros se callaban o estaban en otra dirección.

A las seis de la mañana, alumbrados por la gris claridad de la madrugada, avistamos dos ranchos juntos, a la orilla del camino. Los últimos metros los hicimos a paso de carga, como si no tuviéramos ningún peso en el lomo. Nunca nos pareció que nos atendieran con tanta amabilidad, ni el pan que nos vendieran junto con un pedazo de queso, tan bueno, ni el mate tan reconstituyente. Para esa gente sencilla, ante la que Alberto esgrimió su título de "doctor", éramos una especie de semidioses. Según ellos, venidos nada menos que de la Argentina, el maravilloso país donde vivía Perón y su mujer, Evita, donde todos los pobres tienen las mismas cosas que los ricos y no se explota al indio, ni se le trata con la dureza con que se lo hace en estas tierras. Tenemos que contestar miles de preguntas relativas a la patria y su modo de vida. Con el frío de la noche todavía instalado en nuestros huesos, la imagen de la Argentina se convierte en una visión halagadora de un pasado de rosas. Seguidos por la amabilidad retraída de los "cholos" nos vamos hacia el lecho seco de un río que pasa cerca, allí tendemos nuestras mantas y dormimos acariciados por el sol que sale.

A las doce reiniciamos la marcha, con la moral alta, olvidados de las penurias de la noche pasada, para seguir el consejo del viejo Vizcacha. El camino es largo, sin embargo, y pronto las interrupciones se suceden con notable frecuencia. A las cinco de la tarde nos paramos a descansar, mientras observamos indiferentemente la silueta de un camión que se va acercando; como siempre, se dedicará al transporte del ganado humano, que es el negocio que más da. De pronto, ante nuestra sorpresa, el camión para y vemos al guardia civil de Tacna que nos saluda amablemente y nos invita a subir; por supuesto, la invitación no debió ser repetida muchas veces. Los aymaras nos miran con curiosidad pero no se atreven a preguntar nada; Alberto inicia conversación con varios de ellos que hablan muy mal el castellano. El camión sigue subiendo los cerros en medio de un panorama de absoluta desolación, donde apenas los churquis espinosos y raquíticos dan cierta apariencia de vida al ambiente. Pero, de pronto, el quejido con que el camión refunfuña por la trepada se troca en un suspiro de alivio y tomamos la horizontal. En ese momento entramos al pueblo de Estaque y el panorama es maravilloso; nuestros ojos extasiados quedan un rato fijos en el paisaje que se extiende ante nuestra vista y enseguida tratamos de averiguar el nombre y el porqué de todas las cosas, pero los aymaras apenas si entienden algo y nos dan alguna que otra indicación en su embarullado castellano, lo que presta más emotividad al ambiente. Allí estamos en un valle de leyenda, detenido en su evolución durante siglos y que hoy nos es dado ver a nosotros, felices mortales hasta allí saturados de la civilización siglo XX. Las acequias de la montaña —las mismas que hicieran construir los incas para bienestar de sus súbditos— resbalan valle abajo formando mil cascaditas y entrecruzándose con el camino que desciende en espiral; al frente, las nubes bajas tapan las cimas de las montañas, pero en algunos claros se alcanza a ver la nieve que cae sobre los altos picos, blanqueándolos poco a poco. Los diferentes cultivos de los pobladores, cuidadosamente ordenados en los andenes, nos hacen penetrar en una nueva rama de nuestros conocimientos botánicos; la oca, la quinua, la canihua, el rocoto, el maíz, se suceden sin interrupción. Los personajes, ataviados en la misma forma original que los del camión, están ahora en su escenario natural; visten un ponchito de lana ordinaria, de colores tristes, un pantalón ajustado que sólo llega a media pierna y unas ojotas de cáñamo o cubierta vieja de automóvil. Absorbiendo todo con nuestra mirada ávida seguimos valle abajo hasta entrar a Tarata, que en aymara significa vértice, lugar de confluencia, y que tiene bien puesto el nombre porque allí acaba la gran V que forman las cadenas de montañas que lo custodian. Es un pueblito viejo, apacible, donde la vida sigue los mismos cauces que tuviera varios siglos atrás. Su iglesia colonial debe ser una joya arqueológica porque en ella, además de su vejez, se nota la conjunción del arte europeo importado con el espíritu del indio de estas tierras. En las callecitas estrechas del pueblo, con sus calles de empedrado indígena y de enormes desniveles, sus cholas con los chicos a cuestas... en fin, con tanta cosa típica, se respira la evocación de los tiempos anteriores a la conquista española; pero esto que tenemos enfrente no es la misma raza orgullosa que se alzara continuamente contra la autoridad del inca y lo obligara a tener permanentemente un ejército sobre esas fronteras, es una raza vencida la que nos mira pasar por las calles del pueblo. Sus miradas son mansas, casi temerosas y completamente indiferentes al mundo externo. Dan algunos la impresión de que viven porque eso es una costumbre que no se pueden quitar de encima. El guardia nos lleva a la policía y allí nos dan alojamiento y unos agentes nos invitan a comer algo. Recorremos el pueblo y nos acostamos un rato, ya que a las tres de la mañana salimos rumbo a Puno en un camión de pasajeros, que nos lleva gratis por conducto de la Guardia Civil.

En los dominios
de la Pachamama

A LAS TRES DE LA MADRUGADA las mantas de la policía peruana habían demostrado su idoneidad sumiéndonos en un calorcito reparador, cuando las sacudidas del agente de guardia nos pusieron en la triste necesidad de abandonarlas para salir en camión rumbo a Ilave. La noche era magnífica pero muy fría; a manera de privilegio, nos dieron ubicación sobre unas tablas, debajo de las cuales la grey hedionda y piojosa, de la que se nos quiso separar, nos lanzaba un tufo potente pero calentito. Cuando el vehículo inició su marcha ascendente nos dimos cuenta de la magnitud del favor concedido: del olor no llegaba nada; difícil era que algún piojo fuera lo suficientemente atlético como para llegar al refugio, pero en cambio el viento golpeaba libremente contra nuestros cuerpos y a los pocos minutos estábamos literalmente helados. El camión trepaba continuamente de modo que el frío se hacía más intenso a cada momento; las manos tenían que salir del escondite más o menos abrigado de la manta para evitar la caída y era difícil hacer el menor movimiento porque nos

111

íbamos de cabeza al interior del vehículo. Cerca del amanecer el camión se paró por la dificultad en el carburador que aqueja a todos los motores a esa altura; estábamos cerca del punto más alto del camino, es decir a casi 5.000 metros; el sol se anunciaba por alguna parte y una claridad borrosa reemplazaba la oscuridad total que nos había acompañado hasta ese momento. Es curioso el efecto psicológico del sol: todavía no aparecía en el horizonte y ya nos sentíamos reconfortados, sólo de pensar en el calor que recibiríamos.

A un costado de la carretera crecía un enorme hongo de forma semiesférica —único vegetal de la región— con el que prendimos un fueguito muy malo pero que sirvió para calentar el agua obtenida de un poco de nieve. El espectáculo ofrecido por nosotros dos tomando el extraño brebaje debía parecerles a los indios tan interesante como ellos a nosotros con sus típicas vestimentas, porque no dejaron un momento de acercarse a inquirir en su media lengua la razón que teníamos para echar el agua en ese raro artefacto. El camión se negaba redondamente a llevarnos de modo que tuvimos que hacer como tres kilómetros a pie entre la nieve. Era algo impresionante ver cómo las callosas plantas de los indios hollaban el suelo sin darle la menor importancia al hecho mientras nosotros sentíamos todos los dedos yertos por causa del intenso frío, a pesar de las botas y medias de lana. Con el paso cansino y parejo, trotaban como las llamas en un desfiladero, de uno en fondo.

Salvado el mal trance, el camión siguió con nuevos bríos y pronto franqueábamos la parte más alta. Allí había una curiosa pirámide hecha de piedras irregulares y coronada por una cruz; al pasar el camión casi todos escupieron y uno que otro se persignó. Intrigados, preguntamos el significado del extraño rito pero el más absoluto silencio fue la respuesta.

El sol calentaba algo y la temperatura era más agradable a medida que descendíamos, siempre siguiendo el recorrido de un río que habíamos visto nacer en la cumbre y ya estaba bastante crecido. Los cerros nevados nos miraban desde todos los puntos, y manadas de llamas y alpacas observaban indiferentes el paso del camión, mientras alguna incivilizada vicuña huía rápidamente de la presencia turbadora.

En un alto, de los tantos que hicimos en el camino, un indio se acercó todo tímido hasta nosotros, acompañado de su hijo, que hablaba bien el castellano y empezó a hacernos preguntas de la maravillosa tierra "del Perón". Con nuestra fantasía desbocada por el espectáculo imponente que recorríamos, nos era fácil pintar situaciones extraordinarias, acomodar a nuestro antojo las empresas "del capo" y llenarles los ojos de asombro con los relatos de edénica hermosura de la vida en nuestras tierras. El hombre nos hizo pedir por el hijo un ejemplar de la Constitución Argentina con la declaración de los derechos de ancianidad, lo que le prometimos con singular entusiasmo. Cuando seguimos el viaje, el indio viejo sacó de entre sus ropas un choclo muy apetitoso y nos lo ofreció. Rápidamente dimos cuenta de él con democrática división de granos para cada uno.

Al mediar la tarde, con todo el cielo nublado

lanzándonos su peso gris sobre la cabeza, atravesamos un curioso lugar en que la erosión había transformado las enormes piedras del borde del camino en castillos feudales con torres almenadas, extrañas caras de mirar turbador y cantidad de monstruos fabulosos que parecían custodiar el sitio, cuidando de la tranquilidad de los míticos personajes que sin duda lo habitarían. La tenue llovizna que azotaba nuestras caras desde un rato antes empezó a tomar incremento y se convirtió a poco en un buen aguacero. El conductor del camión llamó a los "doctores argentinos", y nos hizo pasar a la "caseta", es decir la parte delantera del vehículo, el summum de la comodidad en esas regiones. Allí inmediatamente nos hicimos amigos de un maestro de Puno a quien el gobierno había dejado cesante por ser aprista. El hombre, que tenía sangre indígena, además de aprista, lo que para nosotros no representaba nada, era un indigenista versado y profundo que nos deleitó con mil anécdotas y recuerdos de su vida de maestro. Siguiendo la voz de su sangre había tomado parte por los aymaras en la discusión interminable que conmueve a los estudiosos de la civilización de la región, en contra de los coyas a quienes calificaba de ladinos y cobardes. El maestro nos dio la clave del extraño proceder de nuestros compañeros de viaje: el indio deja siempre a la Pachamama, la madre tierra, todas sus penas, al llegar a la parte más alta de la montaña, y el símbolo de ellas es una piedra que va formando las pirámides como la que habíamos visto. Ahora bien, al llegar los españoles como conquistadores a la región, trataron inmediatamente de extirpar esa creencia y destruir el rito, con resultados nulos; los frailes decidieron entonces "correrlos para el lado que disparan" y pusieron una cruz en la punta de la pirámide. Esto sucedió hace cuatro siglos (ya lo narra Garcilaso de la Vega), y a juzgar por el número de indios que se persignaron, no fue mucho lo que ganaron los religiosos. El adelanto de los medios de transporte ha hecho que los fieles reemplacen la piedra por el escupitajo de coca, donde sus penas adheridas van a quedarse con la Pachamama.

La voz inspirada del maestro adquiría sonoridad extraña cuando hablaba de sus indios, de la otrora rebelde raza aymara que tuviera en jaque a los ejércitos del inca, y caía en profundos baches al referirse al estado actual del nativo, idiotizado por la civilización y por sus compañeros impuros —sus enemigos acérrimos— los mestizos, que descargan sobre ellos todo el encono de su existencia entre dos aguas. Hablaba de la necesidad de crear escuelas que orienten al individuo dentro de la sociedad de que forma parte y lo transforme en un ser útil, de la necesidad de cambiar todo el sistema actual de enseñanza que, en las pocas oportunidades en que educa completamente a un individuo (que lo educa según el criterio del hombre blanco), lo devuelve lleno de vergüenzas y rencores; inútil para servir a sus semejantes indios y con gran desventaja para luchar en una sociedad blanca que le es hostil y que no quiere recibirlo en su seno. El destino de esos infelices es vegetar en algún oscuro puesto de la burocracia y morir con la esperanza de que alguno de sus hijos, por milagrosa acción de "la gota" conquistadora que ahora llevan en su sangre, consiga llegar a los horizontes que él anheló y que llena hasta el último momento de su vida. En las extrañas flexiones de la mano convulsa se adivinaba toda una confesión del hombre atormentado por sus desdichas y también el mismo afán que él atribuía al hipotético personaje de su ejemplo. ¿Y acaso no era el típico producto de una "educación" que hiere a quien la recibe de favor, sólo por el afán de demostrar el mágico poder de aquella "gota", aunque ésta sea la que porta una mestiza indigna vendida a los dineros de un cacique o provenga de una violación que el señor borracho se dignó ejercer sobre su criada indígena?

Pero ya el camino acababa y el maestro dejó su charla. Tras una curva cruzamos el puente sobre el mismo anchuroso río que en la madrugada fuera un arroyito. Ilave estaba allí.

El lago del Sol

EL LAGO SAGRADO sólo mostraba una pequeña parte de su grandeza ya que las lenguas de tierra que limitan la bahía donde está edificado Puno lo escondían a nuestra mirada. Una que otra balsa de totora boyaba en las aguas tranquilas y algún barquito de pescadores enfilaba hacia la salida. El viento era muy frío y el cielo plomizo y agobiante parecía adecuarse a nuestro estado de ánimo. Es cierto que habíamos llegado al pueblo directamente, sin hacer escala en Ilave, que habíamos conseguido un alojamiento provisional en el cuartel y una muy buena comida, pero ya todo se acababa: el comandante, con muy buenas maneras, nos había puesto en la puerta de calle, aduciendo que éste era un puesto de frontera y en ellos estaba estrictamente prohibido que los civiles extranjeros pernoctaran.

Pero no queríamos irnos sin conocer bien el lago, de modo que nos encaminamos al muelle para tratar de que nos llevaran afuera de la bahía y poder admirarlo así, en toda su magnitud. Recurrimos a un intérprete para formalizar la operación porque todos los pescadores, de pura raza aymara, desconocen completamente el castellano. Por la módica suma de cinco soles logramos que nos llevaran a nosotros dos y al oficioso guía que se nos coló, y hasta hicimos un intento de bañarnos en las aguas del lago, intento que quedó trunco cuando palpamos la temperatura con la puntita del dedo meñique (aunque Alberto hizo toda una serie de demostraciones, sacándose las botas y la ropa y, por supuesto, volviéndoselas a poner).

Como puntitos diseminados en la inmensa superficie gris, emergían una serie de islas en lontananza; el guía nos contó la vida de los pescadores que allí habitan, algunos de los cuales apenas han visto un blanco en su vida y viven apegados a sus costumbres ancestrales, comiendo los mismos artículos, recogiendo la misma pesca en la misma forma que hace 500 años, y manteniendo inmaculados sus trajes, ritos y tradiciones.

Cuando volvimos al puerto, nos encaminamos a uno de los barcos que hacen la carrera entre Puno y un puerto boliviano, para tratar de conseguir algo de yerba que ya nos escaseaba bastante, pero en la zona norte de Bolivia no se toma casi el mate, de modo que no tenían ni medio kilo y apenas si la conocían. De paso, recorrimos el barco construido en Inglaterra y armado allí, de un lujo discordante con la pobreza general de toda la región.

Nuestro problema de alojamiento se solucionó en el puesto de la Guardia Civil, en que un alférez muy amable nos colocó en la enfermería, los dos en una cama, pero bien abrigados. A la mañana siguiente, tras de una visita a la catedral, bastante interesante, conseguimos un camión para seguir con rumbo a Cuzco.

Con una recomendación para el doctor Hermosa, que era un ex leprólogo radicado allí, dada por el médico de Puno.

Hacia el ombligo
del mundo

EL PRIMER TRAMO no fue muy largo ya que el camionero nos dejó en Juliaca, donde debíamos tomar otro camión que nos llevara siempre en dirección norte. Por supuesto, fuimos a la comisaría donde estábamos recomendados por la Guardia Civil de Puno y donde nos encontramos con un sargento primero borracho hasta la médula que enseguida hizo buenas migas con nosotros y nos invitó a tomar una copa. Pidieron cerveza y se la mandaron todos de un trago; mi vaso quedó lleno sobre la mesa.

—Y, argentino, ¿no tomas?

—No, sabe, en mi tierra no se acostumbra a chupar así. No lo tome a mal no, pero allí se come al mismo tiempo.

—Pero cheeee —decía con voz gangosa acentuando nuestro patronímico onomatopéyico—, hubieras avisado.

Y con unas palmadas pidió unos buenos sandwiches de queso con lo que me di por satisfecho. Pero la euforia de sus hazañas de valor había ganado al milico y se puso a contar el miedo que le tenían en la región por su fabulosa puntería, al mismo tiempo que lo encañonaba a Alberto y le decía:

—Mirá cheeee, te me ponés a 20 metros con un cigarrillo y si no te lo prendo de un balazo te doy 50 soles. —Alberto le tiene poco apego al dinero de modo que por sólo 50 soles no se iba a mover de la silla, según él.— Te doy 100, cheee. —No había señales de interés.

Cuando iba por los 200 soles —puestos sobre la mesa— los ojos de Alberto echaban chispas, pero el instinto de conservación fue más fuerte y no se movió. Sacó entonces la gorra el milico y, mirándola por un espejo, la tiró para atrás y le largó el balazo. Por supuesto quedó tan sana como antes pero la pared no y la dueña del boliche hecha una fiera fue a quejarse a la comisaría.

Cayó a los minutos un oficial para averiguar el porqué del escándalo y se llevó al sargento a un rincón, donde le dio una filípica; en seguida se arrimaron al grupo y el sargento le dijo a mi compañero de viaje, haciendo al mismo tiempo toda una serie de morisquetas para que entendiera: "Oiga, argentino, ¿dónde tiene un cohete como el que tiró?". Alberto "pescó la onda" y dijo con la cara más inocente del mundo que se le habían acabado; el oficial le dio un reto por tirar cohetes en lugares públicos y le dijo a la dueña que diera por terminado el incidente, que allí no habían disparado ningún balazo y que él no veía ninguna señal en la pared. La mujer estuvo por pedirle al sargento que se corriera unos centímetros del lugar donde estaba apoyado, rígido, contra el muro, pero después de un rápido cálculo mental entre pros y contras optó por callarse la boca en ese sentido y pegarle un reto extra a Alberto:

—Estos argentinos se creen que son los dueños de todo —decía agregando algunos insultos más que se perdieron en la lejanía ante nuestra rápida fuga un poco dolorosa el pensar uno en la cerveza y otro en los sandwiches perdidos.

Nos encontramos en el nuevo vehículo con un par de limeños que trataban en todo momento de demostrarnos su superioridad sobre la indiada callada que resistía sus pullas sin mostrar la menor incomodidad. Al principio miramos para otro lado y no le dimos importancia, pero después de unas horas, el tedio del camino monótono, en la estepa interminable, nos obligó a cambiar palabras con los únicos blancos, que eran, desde luego, los que nos darían algo de charla, pues la indiada escamada apenas se dignaba contestar con monosílabos a las preguntas que le hace un extranjero. En realidad los limeños eran dos muchachos normales que sólo hacían eso para dejar bien sentadas las diferencias que los separaban de los indígenas. Un aluvión de tangos cayó sobre los desprevenidos viajeros, mientras masticábamos con energía las hojas de coca que diligentemente nos conseguían nuestros nuevos amigos. Con las últimas luces llegamos a un pueblo llamado Ayaviry donde conseguimos alojamiento en un hotel que pagó el encargado de la Guardia Civil.

—¿Cómo, dos doctores argentinos van a dormir incómodos por no tener dinero?, no puede ser —fue la respuesta a nuestras tímidas protestas por el agasajo inesperado.

Pero a pesar de la cama abrigada casi no pegamos los ojos en la noche: la coca ingerida se vengaba de nuestras pretensiones con un aluvión de náuseas, cólicos y cefaleas.

A la mañana siguiente, bien temprano, seguimos en el mismo camión rumbo a Sicuani, a donde llegamos al promediar la tarde luego de soportar fríos, lluvia y hambre en abundancia. Como de costumbre pernoctamos en la Guardia Civil bien atendidos, como siempre. Allí en Sicuani corre un mísero arroyito llamado Vilcanota, cuyas aguas nos sería dado seguir tiempo después, aunque diluidas en el océano de barro que las acompaña.

Otro nuevo día de marcha con las mismas características de los anteriores y por fin, ¡el Cuzco!

En Sicuani estábamos en el mercado observando toda la gama de colores desparramada por los puestos, formando una malla estrecha con los gritos monótonos de los vendedores y el zumbido monocorde de la multitud, cuando se notó como una condensación de gente en una esquina y hacia allí nos dirigimos.

Rodeados por una densa multitud silenciosa avanzaba una procesión encabezada por una docena de frailes de colorida vestimenta, seguida por una serie de notables de traje negro y cara de circunstancias que portaban un ataúd, límite entre la seriedad formal y el desborde completo de la masa que lo seguía sin orden ni compás. Se detuvo el cortejo y emergió de un balcón uno de los individuos de traje negro con unos papeles en la mano: "Es nuestro deber, en el momento de la despedida del gran varón que fue fulano...", etc.

Siguió el cortejo una cuadra después de la interminable retahíla y emergió de un balcón otro oscuro personaje: "Fulano ha muerto, pero el recuerdo de sus actos de bien, de su hombría intachable...", etc. Y así siguió su viaje a la sobada última morada el pobre fulano perseguido por el odio de sus semejantes que se descargaba en forma de diluvios declamatorios, en cada esquina del camino.

El ombligo

LA PALABRA QUE CUADRA como definición del Cuzco es evocación. Un impalpable polvo de otras eras sedimenta entre sus calles, levantándose en disturbio de laguna fangosa cuando se holla su sustratum. Pero hay dos o tres Cuzcos, o mejor dicho, dos o tres formas de evocación en él: cuando Mama Ocllo dejó caer el clavo de oro en la tierra y éste se enterró en ella totalmente, los primeros incas supieron que allí estaba el lugar elegido por Viracocha para domicilio permanente de sus hijos preferidos que dejaban el nomadismo para llegar como conquistadores a su tierra prometida. Con las narices dilatadas en ambición de horizontes, vieron crecer el imperio formidable mientras la vista atravesaba la feble barrera de las montañas circunvecinas. Y el nómada converso al expandirse en Tahuantinsuyo, fue fortificando el centro de los territorios conquistados, el ombligo del mundo, Cuzco. Y así surgió, por imperio de las necesidades defensivas, la imponente Sacsahuamán que domina la ciudad desde las alturas, protegiendo los palacios y templos de la furia de los enemigos del imperio. Ese es el Cuzco cuyo recuerdo emerge plañidero desde la fortaleza destrozada por la estupidez del conquistador analfabeto, desde los templos violados y destruidos, los palacios saqueados, la raza embrutecida; es el que invita a ser guerrero y defender, macana en mano, la libertad y la vida del inca. Pero hay un Cuzco que se ve desde lo alto, desplazando a la derruida fortaleza: el de los techos de teja colorada cuya suave uniformidad es rota por la cúpula de una iglesia barroca, y que en descenso nos muestra sólo sus calles estrechas con la vestimenta típica de sus habitantes y su color de cuadro localista; es el que invita a ser turista desganado, a pasar superficialmente sobre él y solazarse en la belleza de un invernal cielo plomizo. Pero también hay un Cuzco vibrante que enseña en sus monumentos el valor formidable de los guerreros que conquistaron la región, el que se expresa en los museos y bibliotecas, en los decorados de las iglesias y en las facciones claras de los jefes blancos que aún hoy muestran el orgullo de la conquista; es el que invita a ceñir el acero y montado en caballo de lomo amplio y poderoso galope hendir la carne indefensa de la grey desnuda cuya muralla humana se debilita y desaparece bajo los cuatro cascos de la bestia. Cada uno de ellos se puede admirar por separado, y a cada uno le dedicamos parte de nuestra estadía.

La tierra del inca

Cuzco esta completamente rodeado de cerros que constituyen, más que una defensa, un peligro para sus pobladores, los que, para defenderse, construyeron la mole inmensa de Sacsahuamán. Por lo menos, ésta es la versión que corre entre el público no muy lego, versión con la que no me es dado disentir por obvias razones. Sin embargo, pudiera ser que la fortaleza constituyera el núcleo inicial de la gran ciudad. En época inmediata al abandono del nomadismo, cuando todavía constituían apenas una tribu ambiciosa y la defensa contra la superioridad numérica del adversario estribaba en la defensa compacta de su núcleo poblado, los muros de Sacsahuamán ofrecieron a sus ocupantes el lugar ideal para realizarla, y esta doble función de fortaleza-ciudad, explica el porqué de algunas construcciones cuyo significado no alcanza a verse si el fin del recinto fuera de simple contención del enemigo que ataca, sin contar que Cuzco quedaba igualmente indefenso en todos los otros puntos de su periferia. Aunque es digno de hacer notar que el emplazamiento está hecho en forma de dominar dos quebradas que conducen a la ciudad. La forma dentada de las murallas hace que el enemigo al atacar pueda ser hostigado desde tres flancos a la vez, y en caso de superar las defensas, se encuentran frente a otro muro del mismo tipo y luego a un tercero, que da siempre facilidad de maniobra y convergencia de ataque a los defensores. Todo esto, y el posterior brillo de la ciudad, hacen suponer que los guerreros quechuas mantuvieron invicta su fortaleza de los embates enemigos, pero, con ser las fortificaciones expresión de un pueblo de alta inventiva y sólida intuición matemática, pertenecen aún —a mi manera de ver— a la etapa preincaica de su civilización, a la etapa donde no habían aprendido a reconocer las comodidades de la vida material, que si bien no alcanzaron nunca gran esplendor en un pueblo sobrio como era, logró luego interesantes demostraciones en arquitectura y artes menores. Los continuos éxitos guerreros alejaron cada vez más a las tribus enemigas de las proximidades del Cuzco, y entonces, saliendo del seguro recinto de la fortaleza que era estrecha para contener la multiplicada raza, se expandieron por el valle vecino, al pie del arroyo de cuyas aguas se servirían, y al tener conciencia de su actual grandeza volvieron sus ojos al pasado en busca de la explicación de su superioridad y, para glorificar la memoria del dios cuya omnipotencia les permitió erigirse en raza dominate, surgieron los templos y la casta sacerdotal; y así, expandiendo en piedra sus grandezas fue levantándose el imponente Cuzco de la época de la conquista española.

Aún hoy, cuando la saña bestial de la plebe

vencedora se muestra en cada uno de los actos que quiso eternizar su conquista y la casta de los incas hace mucho que desapareció como poder dominante, las moles de piedra muestran su enigmática armazón indiferente a los estragos del tiempo. Cuando las tropas blancas entraron a saco sobre la ya vencida ciudad, atacaron sus templos con saña y unieron a la avidez por el oro que adornaban los muros en exacto símbolo del dios Sol, el placer sádico de cambiar por el ídolo doliente de un pueblo alegre el alegre y vivificante símbolo de un pueblo triste. Los templos de Inti cayeron hasta sus cimientos o sus paredes sirvieron para el asiento de las iglesias de la nueva religión: la catedral se erigió sobre los restos de un gran palacio y sobre los muros del templo del Sol se levantaron los de la iglesia de Santo Domingo, escarmiento y reto del conquistador orgulloso. Sin embargo, el corazón de América, temblando de indignación, comunica cada cierto tiempo un temblor nervioso al lomo manso de los Andes, y la inmensa conmoción ataca la superficie de la tierra y por tres veces la cúpula de la orgullosa Santo Domingo, con fragor de huesos rotos, se ha desplomado de su asiento, y sus muros ajados se han abierto y caído también, pero la base donde descansan, el bloque del templo del Sol, muestra su indiferencia de piedra gris, sin que la magnitud del desastre que cae sobre su dominadora separe de sus puntos una sola de las rocas que lo forman.

Pero la venganza de Kon es escasa frente a la magnitud de la afrenta. Las piedras grises se han cansado de implorar la destrucción de la aborrecida raza conquistadora a sus dioses tutelares, y ahora muestran su cansancio de cosa inanimada, útil sólo para provocar la admirativa exclamación de algún turista. ¿Qué puede la paciente acción de los indios que construyeron el palacio de Inca Roca, labrando sutilmente los ángulos de la piedra, frente a la impetuosa acción del conquistador blanco que conoce el ladrillo, la bóveda y el arco de medio punto?

El indio angustiado, cuando esperaba la terrible venganza de sus dioses, vio en cambio erigirse la nube de iglesias que ahogaron hasta la posibilidad de un recuerdo altivo. Los seis metros de muro del palacio del Inca Roca, que los conquistadores consideraron útil como cimiento de los palacios coloniales, resumen entre la perfecta conjunción de sus piedras el llanto del guerrero vencido.

Pero la raza que creó Ollantay dejó algo más que el conglomerado de Cuzco como recuerdo de su pasada grandeza: a lo largo del río Vilcanota o Urubamba, en un recorrido de 100 kilómetros, se escalonan las señales del pasado incaico. Las más importantes están siempre en lo alto de los cerros, haciendo de esta manera inexpugnable la fortaleza e impidiendo el ataque por sorpresa de los enemigos. Tras dos largas horas de trepada por un sendero agreste llegamos a la cima de Pisac; pero también llegó allí, y mucho antes que nosotros, la espada del guerrero español que destruyó a sus defensores y también sus defensas y su templo. Entre una completa diseminación de piedras, sin orden alguno, se adivina el plan de la construcción defensiva, el lugar donde estaba el Intiwatana, donde se amarraba el sol al mediodía, y las residencias sacerdotales, ¡poco es, cierto, lo que queda! Siguiendo el cauce del Vilcanota y tras dejar lugares de poca importancia a un lado, llegamos a Ollantaytambo, vasta fortaleza que resistiera a las tropas de Hernando Pizarro, cuando Manco II se levantara en armas contra los conquistadores, fundando esa dinastía menor de los cuatro incas que coexistieron con la dominación española hasta que su último afeminado representante fue ajusticiado en la plaza principal de Cuzco por orden del virrey Toledo.

Una colina rocosa de no menos de 100 metros cae a pico sobre el Vilcanota y allí está erigida la fortaleza cuyo único lado vulnerable, el que comunica con los cerros vecinos por estrechos senderos, está custodiado por defensas escalonadas que impiden fácilmente el acceso a cualquier atacante de fuerza parecida a la del atacado. La parte inferior de la construcción está destinada puramente a una función defensiva, escalonándose las defensas, en la parte menos empinada, en unos veinte andenes fácilmente defendibles y que obligan al atacante a recibir el impacto lateral de las armas que custodian el sitio. En la parte superior se encuentran las habitaciones para los guerreros y coronando la fortaleza el templo en que probablemente estuviera todo el lujo de los defensores en forma de objetos de metales preciosos, pero del que no queda ni el recuerdo, ya que hasta los inmensos bloques que lo constituían han sido removidos de su sitio.

Por el camino de vuelta y cercano a Sacsahuamán, se encuentra una explanada de típica construcción incaica que, según decía nuestro guía, era destinada al baño del inca, lo que me parece un poco extraño dado la distancia que lo separa del Cuzco, a menos que fuera un baño ritual el que se diera el monarca. Además hay que reconocer que los antiguos emperadores (a ser cierta la versión del baño), tenían la piel tanto o más curtida que la de sus descendientes, ya que el agua, riquísima para tomar, es sumamente fría. El lugar, coronado por tres nichos de forma trapezoidal (cuyo significado de forma y función es oscuro), se llama Tambomachay y está a la contrada del llamado Valle del Inca.

Pero el punto cuya importancia arqueológica y turística supera a todos los de la región es Machu Picchu, que en lengua indígena significa cerro viejo, nombre completamente divorciado del poblado que guardara en su recinto a los últimos integrantes de un pueblo libre. Para Bingham, el arqueólogo descubridor de las ruinas, más que un refugio contra los invasores, éste fue el poblado origen de la dominante raza quechua y lugar sagrado para ellos; posteriormente, en la época de la conquista española, se convirtió también en guarida de las vencidas huestes. A primera vista hay varios indicios de que el mencionado arqueólogo tiene razón: por ejemplo, en Ollantaytambo las construcciones defensivas más importantes miran hacia el lado contrario a Machu Picchu a pesar de que la otra ladera no es tan escarpada como para asegurarse contra un ataque por su sola inclinación, lo que podría indicar que por ese lado tenían los defensores la espalda cubierta. Otro indicio es el de la preocupación en mantener el poblado a cubierto de las miradas de los extranjeros, aun en épocas en que toda resistencia fue vencida, y hasta el mismo último inca fue apresado lejos de la ciudad, en la que Bingham encontró esqueletos de mujeres, casi exclusivamente, los que identifica con las vírgenes del templo del Sol, orden religiosa cuyos integrantes los españoles nunca pudieron hallar. Coronando la ciudad, como es costumbre en este tipo de construcciones, está el templo del Sol con el famoso Intiwatana, labrado en la roca que le sirve de pedestal, y allí mismo, la sucesión de piedras cuidadosamente alisadas que indican que se trata de un lugar importante. Mirando hacia el río, con la forma trapezoidal de la construcción quechua, están tres ventanas que Bingham, en relación, a mi entender, bastante forzada, identifica con las tres ventanas de donde los hermanos Ayllus, personajes de la mitología incaica, salieron al mundo externo para mostrar a la raza elegida el sendero de la tierra de promisión. Por supuesto, esta afirmación está combatida por gran número de investigadores de prestigio, y también es fuente de discusión la función del templo del Sol que atribuye su descubridor a un recinto de forma circular, similar al templo dedicado a este dios en el Cuzco; de todas maneras, la forma y el tallado de las piedras indican que era una habitación principal y se cree que debajo de la enorme piedra que le sirve de base estaba la tumba del/los incas.

Aquí se puede apreciar bien la diferencia entre las diversas clases sociales que hacía este pueblo, agrupando a cada uno según su categoría en un lugar diferente, que conservaba más o menos independencia del resto del poblado. Lástima que no hayan conocido otro techo que el de paja, ya que no ha quedado en pie ningún resto techado de las construcciones, aun las más lujosas, pero para arquitectos que desconocían la bóveda y el arco era sumamente difícil resolver ese problema edilicio. En las construcciones destinadas a los guerreros, nos mostraron un recinto en las piedras del cual, en una especie de pórtico, se había cavado un agujero a cada lado, lo suficientemente grande para dejar pasar el brazo de un hombre; al parecer era un lugar destinado a castigos físicos: la víctima era obligada a introducir ambos brazos en los respectivos orificios y luego era empujada hacia atrás hasta quebrarle los huesos. Yo, poco convencido de la eficacia del procedimiento, introduje mis miembros en la forma indicada y Alberto me 'empujó lentamente: la menor presión provocaba un dolor intolerable y la sensación de que iba a ser destrozado completamente de continuar el empuje sobre el pecho. Pero donde adquiere magnitud imponente la ciudad, es vista desde Huayna Picchu (cerro joven), que se eleva unos doscientos metros más alto. Este lugar debía ser utilizado como punto de vigilancia, más que de residencia o fortaleza, pues las construcciones que allí se encuentran son de poca monta. Machu Picchu es inexpugnable por dos de sus lados, defendidos por un abismo a pico de unos trescientos metros y una fina garganta que comunica con la colina joven, de bordes muy escarpados, respectivamente; por su borde más vulnerable lo defienden una sucesión de andenes que harían dificilísima su toma por este lado, y por su cara aproximadamente sur, vastas fortificaciones y el estrechamiento natural del cerro en este punto lo convierten en un paso difícil. Si se considera además que el torrentón Vilcanota corre tras de las caras del cerro se verá lo bien que eligieron el sitio para emplazar la fortaleza sus primeros pobladores.

Poco importa, en realidad, cuál fuera el origen primitivo de la ciudad o, en todo caso, es bueno dejar su discusión para arqueólogos, lo cierto, lo importante, es que nos encontramos aquí frente a una pura expresión de la civilización indígena más poderosa de América, inmaculada por el contacto de la civilización vencedora y plena de inmensos tesoros de evocación entre sus muros muertos de aburrimiento de no ser, y en el paisaje estupendo que lo circunda y le da el marco necesario para extasiar al soñador que vaga porque sí entre sus ruinas, o al turista norteamericano que, cargado de practicidad, encaja los exponentes de la tribu degenerada que puede ver en el viaje entre los muros otrora vivos y desconoce la distancia moral que las separa, porque son sutilezas que sólo el espíritu semiindígena de americano del sur puede apreciar.

El Señor de los Temblores

DESDE LA CATEDRAL se oiría por primera vez luego del terremoto la María Angola, famosa campana que se cuenta entre las más grandes del mundo y que tiene en su masa 27 kilogramos de oro, según cuenta la tradición. Parece que fue donada por una matrona llamada María Angulo, pero el nombre resultaba demasiado eufónico y quedó el que ahora tiene.

Los campanarios de la catedral, derribados por el terremoto de 1950, habían sido reconstruidos por cuenta del gobierno del general Franco y en prueba de gratitud se ordenó a la banda ejecutar el himno español. Sonaron los primeros acordes y se vio el bonete rojo del obispo encarnarse más aún mientras sus brazos se movían como los de una marioneta: "Paren, paren, hay un error", decía, mientras se oía la indignada voz de un gaita: "Dos años trabajando, ¡para esto!". La banda —no sé si bien o mal intencionada—, había iniciado la ejecución del himno republicano.

Por la tarde sale de su mansión en la Catedral el Señor de los Temblores, que no es más que una imagen de un Cristo retinto, la cual es paseada por toda la ciudad y llevada en peregrinaje a los principales templos. Una cantidad de gandules rivalizan en tirarle al paso puñados de una florecita que crece abundantemente en las laderas de los cerros cercanos a las que los naturales llaman nucchu. El rojo violento de las flores, el bronceado subido del Señor de los Temblores y el plateado del altar, dan a la procesión un aspecto de fiesta pagana, a la cual se suman los trajes multicolores de los indios que para la ocasión visten sus mejores galas tradicionales como expresión de una cultura o tipo de vida que aún cuenta con valores vivos. En contraste con aquéllos, hay una serie de indios con vestimentas europeas que, portando estandartes, marchan a la cabeza de la procesión. Los rostros cansados y melindrosos semejan una imagen de aquellos que desoyendo el llamado de Manco II se plegaron a Pizarro, ahogando en la degradación del vencido su orgullo de raza independiente.

Sobre la pequeña talla de los nativos agrupados al paso de la columna emerge, de vez en cuando, la rubia cabeza de un norteamericano que, con su máquina fotográfica y su camisa sport parece (y en realidad lo es) un corresponsal de otro mundo en este apartado de los incas.

El solar del vencedor

LA QUE FUERA FASTUOSA CAPITAL del Imperio Incaico —por simple fuerza de inercia— conservó durante años su brillo. Eran nuevos hombres los que ostentaban sus riquezas, pero éstas eran las mismas y durante un tiempo no sólo se mantuvieron sino que se acrecentaron con el producto de las minas de oro y plata que convergían a la región, sólo que ahora ya no era Cuzco el ombligo del mundo sino un punto cualquiera de su periferia, y los tesoros emigraban a la nueva metrópoli de allende el mar para alimentar el fasto de otra corte imperial; los indios no trabajaban la tierra yerma con el empeño de antes y los conquistadores no venían a quedar adheridos a ella luchando fatigosamente por el sustento diario sino a conquistar una fácil fortuna en empresas heroicas o de simple rapiña. Poco a poco el Cuzco languideció y fue quedando al margen, perdido entre las cordilleras mientras su nueva rival, Lima, con el producto del tajo que los intermediarios hacían a los dineros emigrados emergía en la costa del Pacífico. Sin que ningún cataclismo marcara su transición, la brillante capital inca pasó a ser lo que hoy es, una reliquia de los tiempos idos. Recién ahora, alguna que otra construcción moderna se alza para desentonar en el conjunto edilicio, pero todos los monumentos del esplendor colonial se mantienen intactos.

La Catedral está emplazada en el centro mismo de la ciudad con la típica reciedumbre de la época que la asemeja a una fortaleza más que a un templo. En su interior brilla el oropel que es el reflejo de su pasada grandeza; los grandes cuadros que reposan en las paredes laterales, sin un valor artístico acorde con las riquezas que encierra el recinto, no desentonan, sin embargo, y un San Cristóbal saliendo del agua tiene, a mi entender bastante categoría. El terremoto ha posado también allí su furor y los cuadros están con los marcos rotos y ellos mismos ajados y arrugados. Es curioso el efecto que hacen los dorados marcos y las puertas, también doradas, de los adoratorios, desgonzadas, sacadas de su sitio como mostrando las pústulas de la vejez. El oro no tiene esa suave dignidad de la plata que al envejecer adquiere encantos nuevos, hasta parece una vieja pintarrajeada la decoración lateral de la catedral. Donde adquiere verdadera categoría artística es en el coro hecho todo de madera tallada por artífices indios o mestizos que mezclan el espíritu de la iglesia católica con el alma enigmática de los pobladores del Ande en el cedro en que está hecha la representación del santoral católico.

Una de las joyas de Cuzco, merecidamente visitada por todos los turistas, es el púlpito de la basílica de San Blas, que no tiene otra cosa que ésta, pero sobrada para extasiarse un rato ante la fina talla que muestra, como en el coro de la Catedral, la fusión del espíritu de dos razas antagónicas pero casi complementarias. Toda la ciudad es un muestrario inmenso: las iglesias, por supuesto, pero hasta cada casa, cada balcón asomado en una calle cualquiera, es un instrumento de evocación de un tiempo ido.

Claro que no todas tienen el mismo valor. Pero en este momento, tan lejos de allí, con notas sintéticas y desteñidas ante mi vista, no podría decir qué me impresionó más. Entre el magma de iglesias visitadas recuerdo la imagen lastimera de la capilla de Belén que con sus dos campanarios abatidos por el terremoto parece un animal descuartizado sobre la colina en que está emplazada.

Pero, en realidad, realizando un análisis cuidadoso, las obras artísticas capaces de resistirlo son muy pocas; en Cuzco no hay que ir a mirar tal o cual obra de arte; ella entera es la que da la impresión sosegada, aunque a veces un poco inquietante, de una civilización que ha muerto.

Cuzco a secas

S<small>I FUERA BORRADO</small> de la faz de la tierra todo lo que encierra el Cuzco, y en su lugar se hiciera un pueblito sin historia, habría siempre de qué hablar, pero nosotros mezclamos, como en una coctelera, todas las impresiones. La vida en esos quince días no perdió nunca el carácter "manguerístico" que mantuviera durante todo el viaje. La carta de recomendación para el doctor Hermosa nos resultó de bastante utilidad, aunque en realidad no era un tipo de hombre que necesitara esas presentaciones para hacer una gauchada; le bastaba la tarjeta de presentación de haber trabajado con el doctor Fernández, uno de los más eminentes leprólogos de América, tarjeta que Alberto esgrimió con acostumbrada eficacia. Charlas muy sustanciales con el mencionado médico nos dieron un panorama aproximado de la vida peruana y la oportunidad de hacer un viaje por todo el Valle del Inca en su automóvil. Siempre condescendiente con nosotros, nos consiguió también el pasaje en tren para ir a Machu Picchu.

El viaje en los trenes de la región se hace a un

promedio de 10 a 20 kilómetros por hora, ya que suma a su esmirriada condición el hecho de tener que afrontar subidas y bajadas bastante considerables y, por otra parte, para vencer las dificultades del ascenso, a la salida de la ciudad, se ha debido construir la vía en tal forma que el tren marcha un rato hacia adelante, llega al final de la misma y retrocede hasta encontrar un ramal que se separa del camino anterior iniciando un nuevo ascenso, y estas idas y venidas se repiten varias veces hasta llegar a la cima e iniciar el descenso por el cauce de un arroyo que va a desembocar en el Vilcanota. En este viaje nos encontramos con un par de charlatanes chilenos que vendían yuyos y adivinaban la suerte, los que nos trataron con toda amabilidad y nos convidaron con la comida que ellos llevaban, para corresponder a nuestra invitación con mate. En las ruinas nos encontramos con un grupo que jugaba fútbol y enseguida conseguimos invitación y tuve oportunidad de lucirme en alguna que otra atajada por lo que manifesté con toda humildad que había jugado en un club de primera de Buenos Aires con Alberto, que lucía sus habilidades en el centro de la canchita, a la que los pobladores del lugar le llaman pampa. Nuestra relativamente estupenda habilidad nos granjeó la simpatía del dueño de la pelota y encargado del hotel que nos invitó a pasar dos días en él hasta que viniera la nueva camada de americanos que traía un autovía especial. El señor Soto, además de un excelente individuo, era una persona ilustrada y pudimos, después de agotar los temas deportivos que lo apasionaban, hablar de toda la cultura incaica en que era bastante versado.

Llegado el momento de irnos, con mucha pena nuestra, tomamos por última vez el exquisito café que preparaba la señora del hotelero y subimos en el trencito para llegar a Cuzco luego de doce horas de viaje. En este tipo de trenes hay una tercera clase destinada a los indios de la región; el vagón de que se valen es uno simple de transportar ganado de la Argentina, sólo que es mucho más agradable el olor a excremento de vaca que el de su similar humano, y el concepto, un tanto animal, que del pudor y la higiene tienen los indígenas hace que éstos hagan sus necesidades (sin consideración de sexos o edades) al lado del camino, se limpien con las polleras las mujeres y con nada los hombres y sigan como si tal cosa. Las combinaciones de las indias con criaturitas son verdaderos almacenes de sustancia excrementicia, producto de la limpieza que sobre el chico ejercen cada vez que éste mueve el vientre. Naturalmente que de las condiciones de vida de estos indios los turistas que viajan en sus cómodos autovías no tendrán sino una vaga idea, producto de una rápida imagen captada al pasar a toda velocidad junto a nuestro tren detenido. El hecho de que fuera el arqueólogo americano Bingham el que descubriera las ruinas y expusiera luego sus conocimientos en relatos de considerable valor anecdótico fácilmente asequible al público medio, hace que este lugar tenga una enorme fama en el país del Norte, a tal punto que la mayoría de los americanos que están en el Perú lo conocen (en general vuelan directamente de Lima, recorren Cuzco, visitan las ruinas y se vuelven, sin dar importancia a nada más).

El museo arqueológico del Cuzco es bastante pobre: cuando las autoridades abrieron los ojos sobre el montón de la riqueza que se escapaba hacia otros sitios ya era tarde; los buscadores de tesoros, los turistas, los arqueólogos extranjeros, en fin, cualquier persona con algún interés en el problema, habían saqueado sistemáticamente la región y lo que se podía agrupar en un museo era lo que allí está, casi, casi, el desecho. Sin embargo, para personas como nosotros, sin mayor cultura arqueológica, sin conocimientos sino muy recientes y embarullados de la civilización incaica, había allí bastante que ver, y lo vimos, durante varios días. El encargado era un mestizo de mucha ciencia y un entusiasmo arrebatador por la raza cuya sangre llevaba. El nos hablaba del esplendor pasado y de la miseria actual, de la necesidad imperiosa de educar al indígena, como primer paso hacia una rehabilitación total, de la necesidad de elevar rápidamente el nivel económico de su familia, única forma de mitigar el efecto soporífero de la coca y la bebida, de propiciar, en fin, un cabal conocimiento de los quechuas y propender a que los individuos a esta raza pertenecientes se muestren orgullosos, mirando su pasado, y no avergonzados, viendo el presente, de ser integrantes de la comunidad indígena o mestiza. Por esa época se debatía en la ONU el problema de la coca y nosotros le contamos nuestra experiencia con el alcaloide y su resultado, enseguida nos respondió que a él le había pasado lo mismo y estalló en improperios contra los que quieren mantener sus ganancias envenenando a una enorme cantidad de individuos. Las razas colla y quechua reunidas son mayoritarias en el Perú y únicas consumidoras del producto. Las facciones semiindígenas del encargado y sus ojos brillantes de entusiasmo y de fe en el porvenir es otra de las piezas del museo, pero de un museo vivo, mostrando una raza que aún lucha por su individualidad.

Huambo

Secas la pilas de todos los timbres que apretamos, seguimos el consejo de Gardel y "viramos" rumbo al norte. Abancay fue la parada obligatoria porque de allí salen los camiones que van a Huancarama, la antesala del Leprosorio de Huambo. No difiere en nada el método utilizado para conseguir alojamiento y comida (Guardia Civil y Hospital) de los anteriores, y tampoco el empleado para transportarnos, sólo que para conseguir esto último debimos esperar dos días en el pueblo, debido a la escasez de camiones en esos días de Semana Santa. Vagabundeábamos por el pequeño pueblito sin encontrar, en realidad, nada demasiado interesante como para olvidar el hambre, ya que la comida del hospital era muy escasa. Tirados en el pasto al borde del arroyo, veíamos los cielos cambiantes del atardecer soñando con imágenes idas de pasados amoríos o tal vez, viendo en cada nube la tentadora versión de una comida cualquiera.

Al volver a la comisaría a dormir, tomando por un atajo que nos extravió completamente y tras andar entre sembrados y tapiales, fuimos a caer al recinto de una casa. Aparecimos los dos sobre la pared de piedra cuando vimos un perro y su dueño iluminados por la luna llena con una apariencia fantasmal; lo que no calculamos es que nuestras figuras, recostadas en contra de la luz, debían tener un aspecto mucho más atemorizador; lo cierto es que a mi muy educado "buenas noches", contestaron con un ruido poco inteligible en que me pareció oír la palabra Viracocha, y hombre y perro se encerraron en el interior de la casa sin responder a nuestras amistosas declaraciones y disculpas; salimos entonces tranquilamente por el portón delantero, que daba a una senda con apariencia de calle.

En uno de esos momentos de aburrimiento fuimos a la iglesia para mirar de cerca una ceremonia pueblerina. El pobre fraile estaba tentando salir adelante con el sermón de las tres horas, pero a esa altura —hora y media sería— había agotado toda la serie de lugares comunes. El sacerdote miraba con ojos suplicantes al público mientras señalaba con las manos crispadas cualquier lugar del templo. "Miradlo, miradlo allí, el Señor viene hacia nosotros, ya está el Señor con nosotros y su espíritu nos ilumina." Tras la tregua, el cura se largaba cualquier retahíla y cuando ya parecía que quedaría callado sin saber qué decir, en un impulso de hondo dramatismo, se mandaba otra frase parecida. A la quinta o sexta vez que el paciente Cristo fue introducido nos dio un ataque de risa y salimos rápido.

Qué fue lo que desencadenó el ataque no sé (pero adivino que alguna beata lo sabe), lo cierto es que al llegar a Huancarama casi no podía tenerme en pie. No tenía ni una ampolla de adrenalina y el asma aumentaba. Arropado en una manta del policía encargado del puesto, miraba llover mientras fumaba, uno tras otro, cigarros negros que aliviaban algo mi fatiga; recién de madrugada pegué los ojos recostado contra la columna de la galería. A la mañana ya estaba algo recuperado y una adrenalina conseguida por Alberto y varias aspirinas me dejaron como nuevo.

Nos apercibimos al teniente gobernador, una especie de intendente del poblado, para pedirle un par de caballos con que ir hasta el leprosorio; el hombre nos atendió con muchísima amabilidad y nos prometió que a los cinco minutos tendríamos el par de caballos en la comisaría. A la espera de los animales nos quedamos viendo los ejercicios que hacían una heterogénea serie de muchachones gobernados por la voz prepotente del soldado que nos había atendido con tanta amabilidad el día anterior. Al vernos llegar nos saludó también con gran deferencia mientras continuaba con el mismo tono mandando hacer ejercicios de todo tipo a los "osos" que le habían tocado. En Perú sólo cumple el servicio militar uno de cada cinco muchachos en edad de hacerlo, pero los restantes efectúan una serie de ejercicios todos los domingos y éstos eran las víctimas del milico. En realidad todos eran víctimas: los conscriptos de la iracundia de su instructor y éste de la pachorra de sus alumnos, que sin entender la mayoría castellano, y sin captar la necesidad de dar vueltas en uno u otro sentido y marchar y pararse de pronto por la simple ocurrencia del jefe, hacían todo a desgano y eran capaces de sacar de las casillas a cualquiera. Llegaron los caballos y el soldado nos adjudicó un guía que no hablaba sino quechua. Iniciamos así la ruta por un camino montañoso que un caballo de otro tipo no sería capaz de transitar, precedidos por el guía a pie que llevaba las cabalgaduras de la brida en los pasos difíciles. Habíamos recorrido dos tercios del camino cuando aparecieron una vieja y un muchacho que se prendieron de las riendas y largaron una letanía de la que sólo reconocíamos la palabra "caballata". Al principio creímos que eran vendedores de canastas de mimbre, pues la vieja llevaba una buena cantidad. "Mi no querer comprar, mi no querer", le decía yo, y así por el estilo hubiera seguido hablando, si Alberto no me recuerda que nuestros interlocutores eran quechuas y no parientes de Tarzán de los monos. Por fin nos encontramos con una persona que venía en sentido contrario y hablaba castellano, nos explicó que los indios eran los dueños de los caballos y cuando pasaron enfrente de la casa del teniente gobernador, éste se los quitó y nos los entregó. Uno de los conscriptos, dueño del caballo mío, venía desde siete leguas para cumplir sus condiciones militares, y la pobre vieja vivía en un lugar en sentido opuesto al que llevábamos, de modo que, atendiendo a un deber de humanidad, debimos bajarnos y seguir el camino a pie, con el guía adelante llevando nuestro inseparable portafolios en sus espaldas. Así recorrimos la última legua de camino y llegamos al leprosorio donde le dimos de recompensa un sol que el muchacho agradeció enormemente sin considerar la miseria de pago.

Nos recibió el jefe de sanitarios, el señor Montejo, el que nos dijo que no podía ofrecernos alojamiento pero sí mandarnos a la casa de un hacendado de la región y efectivamente lo hizo. El estanciero nos dio un cuarto con camas y comida, justo lo que necesitábamos. A la mañana siguiente fuimos a dar una visita a los enfermos del hospitalito. La gente que está a cargo de él cumple una labor callada y benéfica; el estado general es desastroso, en un pequeño reducto de menos de media manzana del cual dos tercios corresponden a la parte enferma, transcurre la vida de estos condenados que en número de 31 ven pasar su vida, viendo llegar la muerte (por lo menos eso pienso) con indiferencia. Las condiciones sanitarias son terribles, y esto, que a los indios de la montaña no les produce ningún efecto, a personas venidas de otro medio, aunque sea levemente más culto, las desazona enormemente y de pensar que tendrán que pasar toda su vida entre esas cuatro paredes de adobe, rodeados de gente que habla otro idioma y cuatro sanitarios a quienes ven un rato en todo el día, se produce un colapso psíquico.

Entramos en una pieza con techo de paja brava, cielo raso de caña y piso de tierra, donde una chica de piel blanca lee *El primo Basilio* de Queirós. Apenas comenzamos a conversar y la chica se pone a llorar desconsoladamente calificando a la situación de calvario. La pobre, venida de las regiones amazónicas, fue a parar a Cuzco, donde le diagnosticaron el mal y le dijeron que la mandarían a un lugar mucho mejor para que se curara. El hospital de Cuzco, sin ser por supuesto una maravilla, tiene un cierto grado de confort. Creo que el calificativo de "calvario", en la situación de la muchacha, era muy justo: lo único que es aceptable en el establecimiento es el tratamiento medicamentoso, el resto sólo lo puede aguantar el espíritu sufrido y fatalista del indio de la montaña peruana. La imbecilidad de los vecinos del lugar agrava el aislamiento de enfermos y sanitarios. Nos contaba uno de ellos que el médico jefe, cirujano, debía realizar una operación más o menos importante, imposible de efectuar sobre una mesa de cocina y careciendo absolutamente de todo recurso quirúrgico; pidió entonces un lugar aunque fuera en la morgue del vecino hospital de Andahuaylas, la respuesta fue negativa y la enferma murió sin tratamiento.

Nos contaba el señor Montejo que cuando se fundó ese centro antileproso por iniciativa del doctor Pesce, eminente leprólogo, él fue el encargado, desde su iniciación, de organizar todo lo relativo al nuevo servicio. Cuando llegó al pueblo de Huancarama no se le permitió pernoctar en ninguna posada, uno o dos amigos que tenía le negaron habitación y en vista de la lluvia que se avecinaba, tuvo que refugiarse en un chiquero, donde pasó la noche. La enferma de que hablé anteriormente, ya después de años de fundado el leprosorio, debió llegar a pie pues no hubo quien facilitara dos caballos para ella y su acompañante.

Después de agasajarnos con la mayor buena voluntad nos llevaron a conocer el nuevo hospital que se está levantando en la zona a unos kilómetros del antiguo. Al requerir nuestra opinión les brillaban a los sanitarios los ojos de orgullo, como si fuera una creación hecha, adobe por adobe, con el propio sudor; nos pareció inhumano acrecentar nuestras críticas, pero el leprosorio nuevo tiene las mismas desventajas del viejo: falta laboratorio, falta un servicio quirúrgico y está, por agravante, en una zona infectada de mosquitos que constituyen una verdadera tortura para quien tiene que estar todo el día allí. Claro es que tiene capacidad para 250 enfermos, médico residente y algunos adelantos sanitarios pero todavía falta mucho por hacer.

Después de dos días de permanencia en la región, en los que mi asma fue en aumento, decidimos dejar el lugar para intentar un tratamiento más a fondo.

Con caballos facilitados por el hacendado que nos había dado albergue emprendimos el regreso, siempre guiados por un lacónico guía de habla quechua, el que portaba nuestro equipaje por imposición del patrón. Es que para la mentalidad de la gente rica de la zona es completamente natural que el sirviente, aun yendo a pie, cargue con todo el peso y la incomodidad en un viaje de esta naturaleza. Esperamos que la primera curva borrara nuestra silueta y le quitamos el portafolios a nuestro guía, cuya enigmática cara no demostró si era capaz de valorar o no el hecho.

De vuelta a Huancarama, nos alojamos nuevamente en la Guardia Civil hasta conseguir el camión que nos llevara siempre con rumbo norte, lo que conseguimos al día siguiente de nuestro arribo al pueblito. Tras un fatigoso día de viaje llegamos al fin al pueblo de Andahuaylas, donde yo fui a parar al hospital a reponerme un poco.

Siempre al norte

DESPUES DE PERMANECER dos días en el hospital, y ya repuesto en parte, abandonamos ese refugio para acogernos a la caridad de nuestros grandes amigos los guardias civiles, quienes nos recibieron con la buena voluntad de costumbre. Nuestro dinero era tan escaso que casi no nos atrevíamos a comer, pero no queríamos trabajar hasta llegar a Lima, pues allí teníamos razonables esperanzas de que nos dieran un empleo algo mejor remunerado y poder así juntar algún dinero para seguir el camino, ya que todavía no se hablaba de volver.

La primera noche de espera fue bastante pasable pues el alférez, tipo comedido, encargado del puesto, nos invitó a comer y pudimos hacer algo de acopio para lo que viniera, pero los dos días siguientes estuvieron jalonados por el hambre, que ya se había constituido en una compañera habitual de nuestros días, y el aburrimiento, ya que nos era imposible alejarnos mucho del puesto de control, a donde indefectiblemente irían los camioneros a identificarse antes de emprender o seguir viaje.

Al fin del tercer día, quinto de permanencia en Andahuaylas, conseguimos lo esperado en forma de un camión que marchaba a Ayacucho. Muy a tiempo por cierto, pues Alberto había reaccionado violentamente al ver cómo uno de los soldados de guardia había ultrajado a una india que llevaba la comida a su marido preso, y esa reacción hubo de parecer completamente extemporánea a quienes consideraban a los indios como cosas sólo dignas de dejar que vivieran y predispuso algo los ánimos en contra nuestra.

Ya con la noche cayendo, salimos del pueblo en cuyo obligado paréntesis habíamos sido presos varias jornadas. Ahora el carro trepaba para llegar a la cima de las montañas que dominan el acceso norte al pueblo y la temperatura se hacía más fría a cada momento. Para colmo, uno de los violentos chaparrones de la zona nos empapó completamente y esta vez no teníamos defensa, instalados como estábamos en la punta de un camión que conducía diez novillos a Lima y encargados de cuidarlos junto con un indiecito que hacía las veces de ayudante del camionero. En un pueblo llamado Chincheros pernoctamos, y nosotros a quienes el frío había hecho olvidar la pobre condición de parias sin dinero, nos comimos una comida por lo menos discreta y pedimos una cama para los dos, naturalmente que todo regado con abundantes lágrimas y lamentos que algo conmovieron al dueño: cinco soles todo. Durante el día caminamos siempre, pasando de las profundas quebradas a las "pampas", como llaman a las mesetas que se encuentran en la cima de las cadenas que hay que atravesar continuamente en Perú, cuya accidentada topografía desconoce casi completamente las llanuras, salvo en la boscosa región amazónica. Nuestro trabajo se acrecentaba con el transcurso de las horas, ya que los animales, perdida su base de sustentación, consistente en una capa de aserrín, y cansados por la permanencia en la misma postura, aguantando los cimbrones del camión, se caían a cada momento y había que levantarlos costara lo que costara por el peligro de que el animal, pisoteado por los otros, muriera.

En un momento dado le pareció a Alberto que el cuerno de uno de los animales estaba lastimando el ojo de otro y le avisó al indiecito que en ese momento se hallaba cerca del lugar del hecho. Con un encogimiento de hombros en que ponía todo el espíritu de la raza, dijo: "Pa' la mierda que le queda por ver", continuó tranquilamente atando un nudo, tarea a la que estaba dedicado en el momento de la interrupción.

Por fin llegamos a Ayacucho, famoso en la historia de América por la decisiva batalla que ganara Bolívar en los llanos que la circundan. Allí alcanza su máximo la falla en la iluminación que aqueja a todas las ciudades de la sierra peruana: las bombitas eléctricas se reconocen por un leve tinte anaranjado que se destaca en la noche. Un señor, cuyo hobby era coleccionar amigos extranjeros, nos invitó a dormir en su casa y consiguió para nosotros un camión que al día siguiente saliera rumbo norte, de modo que sólo pudimos visitar una que otra de las treinta y tres iglesias que tiene el pueblo en su pequeño radio urbano. Nos despedimos del buen amigo y siempre hacia Lima.

Por el centro peruano

NUESTRO VIAJE CONTINUABA en la misma forma, comiendo de vez en cuando, en el momento que algún alma caritativa se apiadaba de nuestra indigencia. Pero nunca era mucho lo que comíamos y el déficit se agravó cuando a la noche avisaron que más adelante no se podía pasar porque había un derrumbe, de modo que quedamos a pasarla en un pueblito llamado Anco. Al día siguiente temprano emprendimos la marcha, montados en el camión, pero poco más allá estaba el derrumbe y allí quedamos todo el día, hambrientos y curiosos, observando los trabajos que se hacían para volar las enormes piedras que habían caído al camino. Por cada obrero había por lo menos cinco capataces oficiosos, repartiendo opiniones y molestando en toda forma el trabajo de los dinamiteros que no eran tampoco un modelo de laboriosidad.

Tratamos de engañar el hambre yendo a bañarnos al torrente que corría debajo, en la barranca, pero el agua estaba demasiado helada para poder estar mucho tiempo en ella y ninguno de los dos era muy resistente al frío que digamos. Al fin, después de las acostumbradas lloradas, un señor nos regaló unos choclos y otro un corazón de vaca y unos bofes. Organizamos enseguida una cocina, con la olla de una señora e iniciamos la preparación de la comida, pero en mitad de la tarea los dinamiteros dejaron libre el camino y la tropa de camiones comenzó a moverse, la señora nos quitó la olla y debimos comer los choclos crudos y guardar la carne que no pudimos asar. Para colmo de males, se largó un aguacero terrible que convirtió el paso en un peligroso lodazal y la noche se vino encima. Primero pasaron los camiones atascados del otro lado del derrumbe, ya que no podían pasar sino de a uno por vez, y luego los de nuestro lado. Nosotros éramos de los primeros de la larga cola, pero al primero de todos se le rompió el diferencial al ser empujado violentamente por el tractor que ayudaba a cruzar el mal paso y quedamos nuevamente todos atascados. Al final, un jeep de esos con cable adelante que venía en sentido contrario sacó a un lado al camión y todos los demás seguimos nuestro camino. Toda la noche caminó el vehículo y, como siempre, salía de los valles más o menos abrigados para escalar esas frígidas pampas peruanas que acuchillaban con su hielo nuestras ropas empapadas con la lluvia caída. Tiritábamos juntos, Alberto y yo, extendiendo las piernas uno sobre otro para evitar que se acalambraran a fuerza de estar en el mismo sitio. Nuestra hambre era una cosa extraña que no teníamos en ningún lado y en todo el cuerpo y que nos desasosegaba y nos malhumoraba.

En Huancallo, con las primeras luces anunciándose, recorrimos las quince cuadras que mediaban entre el lugar en que nos dejara el camión y el puesto de la Guardia Civil donde debíamos hacer nuestra acostumbrada etapa. Allí compramos algo de pan, hicimos mate y empezamos a sacar nuestro famoso corazón y los bofes, pero no hacíamos más que ponerlos a las brasas recién hechas cuando un camión que iba para Oxampampa ofreció llevarnos. Nuestro interés en ir a este punto estribaba en que allí estaba, o creíamos que estaba, la madre de un compañero nuestro de la Argentina y teníamos la esperanza de que nos matara el hambre unos días y nos adornara con algún sol. Así es que salimos de Huancallo casi sin conocerlo, impulsados por el afán de nuestros exhaustos estómagos.

La primera parte del camino fue muy buena, pasamos por una serie de poblados para iniciar a las seis de la tarde un peligroso descenso por un camino que escasamente servía para un vehículo por vez, razón por la que, generalmente, sólo se permitía el paso de rodados en una sola dirección cada día, pero ése se había hecho una excepción por no sé qué circunstancia, y los dialogados cruces de los camiones, con profusión de gritos y de maniobras y las ruedas exteriores del par trasero saliendo en el precipicio, insondable en la noche, no era espectáculo demasiado tranquilizador; con Alberto, uno en cada punta, estábamos semiincorporados, listos para arrojarnos a tierra si se producía algún accidente, pero los indios compañeros de viaje no movían un pelo de más. Sin embargo, nuestros temores tenían algún fundamento ya que hay una buena cantidad de cruces jalonando el recorrido de la cornisa con los despeñaderos de colegas menos afortunados que los camioneros que seguían la ruta. Y cada camión que se desbarrancaba llevaba su tremenda carga humana hasta el abismo que tiene 200 metros y en cuyo fondo bulle un torrente que disiparía las pequeñas esperanzas de cualquiera que caiga. Todos los accidentes, según los cuentos de la región, han dejado por saldo el total de personas muertas, no ha devuelto ni un herido el abismo.

Esta vez, por suerte, no hubo nada anormal y llegamos a eso de las diez de la noche a un pueblo llamado La Merced, en zona baja, tropical, un poblado con típica fisonomía de selva, donde un alma caritativa nos cedió una cama para pasar la noche y alimentos en buena cantidad. Los alimentos fueron incluidos a último momento cuando él fue a ver si estábamos cómodos y no pudimos esconder a tiempo las cáscaras de unas naranjas que habíamos cortado de un árbol para calmar algo nuestra hambre.

En la Guardia Civil de ese pueblo nos enteramos con poca alegría que no era necesario en ese pueblo el registro a los camiones de modo que era difícil conseguir alguno que nos llevara de "upa" como hasta ahora. Allí fuimos testigos de una denuncia de asesinato. Los denunciantes eran el hijo de la víctima y un moreno de ademanes ostentosos que se decía íntimo amigo del muerto. El hecho había ocurrido misteriosamente varios días atrás y el presunto culpable era un indio cuya foto llevaron y que el cabo nos mostró diciendo: "Miren, doctores, el ejemplar clásico del asesino". Nosotros apoyamos ese aserto con todo entusiasmo, pero al salir de la comisaría le pregunté a Alberto: "¿Quién es el asesino?".

Y él pensaba lo mismo que yo, que mucho más aspecto tenía el moreno que el indio.

En las largas horas de espera del "punto" indicado, nos hicimos amigos de un mediador que dijo que él arreglaría todo el asunto sin que nos costara nada. Efectivamente, habló a un camionero y éste nos hizo subir, pero luego resultó que había conseguido una rebaja de cinco pesos por cabeza sobre los veinte que cobraba el hombre y como le manifestáramos que andábamos en cero, lo que sólo estaba unas monedas por debajo de la verdad, prometió hacerse cargo él de la deuda y así lo hizo, llevándonos además a dormir a su casa al llegar. El camino es sumamente estrecho aunque no tanto como el anterior y muy bonito, rodeado de monte o de plantaciones de algún fruto tropical, bananos, papayas y otros. Se sube y baja constantemente hasta llegar a Oxapampa, situada a unos mil metros sobre el nivel del mar, que era nuestro punto de destino y el final de la carrera.

Hasta ese punto viajamos en el mismo camión en que lo hacía el negro de la denuncia. Este nos convidó a comer en un alto del camino, dándonos una serie de conferencias sobre el café, la papaya y los esclavos negros, uno de los cuales había sido su abuelo. Esto lo contó paladinamente pero se nota que con vergüenza. De todas maneras, de acuerdo con Alberto, resolvimos absolverlo de culpa y cargo en el asesinato del amigo.

Esperanza fallida

CON GRAN DISGUSTO, nos enteramos a la mañana siguiente de que el amigo residente en Argentina nos había dado mala información y allí no vivía su madre desde un tiempo bastante largo pero en cambio vivía un cuñado suyo, el que tuvo que cargar con el "muerto" de nosotros dos. El recibimiento fue magnífico y nos dieron de comer en forma pero se adivinaba que los huéspedes sólo eran admitidos por la tradicional cortesía peruana. Nosotros decidimos ignorar todo lo que no fuera una orden de desalojo, pues estábamos sin nada de dinero, con un hambre atrasada en varios días y comiendo todo el tiempo en casa de nuestros forzados amigos.

Así pasó un día para nosotros delicioso; baños en el río, alejamiento de todas las preocupaciones, comida buena y abundante, café delicioso. Lástima que todo se acaba y la noche del segundo día, el ingeniero —porque era ingeniero el "punto"— encontró la fórmula de salvación que fue, además de eficaz, sumamente barata; apareció un fulano empleado en vialidad que se ofrecía a llevarnos de un tirón hasta Lima. Para nosotros eso era espléndido pues ya habíamos visto la falta de horizontes y queríamos llegar a la capital para tratar de mejorar nuestra suerte y tragamos el anzuelo con hilo y todo.

Esa noche nos embarcamos en la parte de atrás de una camioneta y tras de aguantar una lluvia violenta y empaparnos hasta los huesos nos dejó a las dos de la mañana en San Ramón, mucho menos de la mitad del camino; nos dijo que esperáramos que iba a cambiar de vehículo y para que no sospecháramos mucho nos dejó a su acompañante. Este a los diez minutos fue a comprar cigarrillos y este par de vivos argentinos a las cinco de la mañana se desayunó con la amarga realidad de que nos habían tomado para el churrete en toda la línea. Todo lo que deseo es que, si no es otra de sus mentiras, el chofer haya muerto en los cuernos de un toro [...] torero (la barriga decía que no pero él nos parecía tan buena persona que le creímos todo... hasta lo del cambio de vehículo). Cuando faltaba poco para amanecer nos encontramos con un par de borrachos e iniciamos nuestro magnífico número del aniversario. La técnica es la siguiente:

1) Se dice fuerte una frase definitoria, por ejemplo: "Che, por qué no te apurás y te dejás de pavadas". El candidato cae e inmediatamente interroga sobre la procedencia; se inicia la conversación.

2) Se empiezan a contar las dificultades con suavidad, con la vista perdida en la lejanía.

3) Intervengo yo y le pregunto la fecha, alguno la dice; Alberto suspira y dice: "Fijáte que casualidad, justo hoy hace un año". El candidato pregunta,

un año de qué, se le responde que de haber iniciado el viaje.

4) Alberto, mucho más caradura que yo, lanza un suspiro terrible y dice: "Lástima estar en estas condiciones, si no lo podríamos festejar" (esto me lo dice como confidencialmente a mí), el candidato se ofrece enseguida y nosotros nos hacemos los estrechos un rato diciéndole que no podemos corresponderle, etc., hasta que aceptamos.

5) Después de la primera copa yo me niego terminantemente a aceptar más trago y Alberto me hace burla. El convidante se enoja e insiste, yo me niego sin dar razones. El hombre insiste y entonces yo, con mucha vergüenza, le confieso que en la Argentina la costumbre es tomar comiendo. La cantidad de comida ya depende de la cara del cliente, pero ésta es una técnica depurada.

Así hicimos en San Ramón y, como siempre, pudimos solidificar un poco la cantidad enorme de trago con algún alimento sólido. Por la mañana nos tiramos a la orilla del río, en un paraje muy bonito pero que escapaba a nuestra percepción estética para convertirse en estremecedoras formas de manjares de todo tipo. Ahí cerca, emergiendo de un cercado, aparecían las tentadoras redondeces de las naranjas; nuestra "tupitanga" fue feroz y triste, porque nos sentíamos hartos y ácidos un momento, para volver a experimentar el aguijoncito de un hambre "machaza" al siguiente.

Famélicos, decidimos arrojar la poca vergüenza que nos restaba en cualquier lugar apropiado y enderezamos para el hospital. Esta vez a Alberto le entró una timidez extraña y yo tuve que llevar la voz cantante en la siguiente diplomática alocución:

—Doctor —había un médico allí— yo soy estudiante de medicina, mi compañero es bioquímico; los dos somos argentinos y tenemos hambre. Queremos comer.

Atacado tan sorpresivamente de frente, el pobre médico no atinó sino a dar una orden para que nos dieran de comer en la fonda donde lo hacía él; fuimos inclementes.

Sin dar las gracias porque Alberto tenía vergüenza, nos dedicamos a pescar un camión y lo pescamos. Rumbo a Lima íbamos ahora, cómodamente instalados en la cabina del conductor que pagaba un cafecito de vez en cuando.

Veníamos trepando por el angostísimo camino de cornisa que provocara nuestras aprensiones a la ida y el chofer relataba animadamente la historia de cada cruz que aparecía al costado, cuando, inopinadamente, se tragó un enorme bache que había en el medio del camino, visible para cualquiera; nuestros temores de que el hombre no supiera nada de manejo empezaron a asaltarnos pero la más elemental de las razones nos decía que eso no podía ser, pues en ese sitio un hombre que no fuera un gran volante se desbarrancaba irremisiblemente. Con tacto y paciencia, Alberto le fue arrancando la verdad: el hombre había tenido un vuelco de resultas del cual, según él, había quedado mal de la vista y ésa era la razón de sus "tragadas" de baches. Tratamos de hacerle comprender lo peligroso que era para él y la gente que llevaba el que manejara en esas condiciones, pero el hombre era impermeable a las razones; ésa era su ocupación, estaba muy bien pagado por un patrón que no le preguntaba cómo llegaba sino si llegaba y el carnet de conductor le había salido muy caro, pues tuvo que pagar una buena coima para que se lo entregaran.

El dueño del camión subió más adelante y se mostró dispuesto a llevarnos hasta Lima, pero yo, que debía ir en la parte de arriba, tenía que esconderme bien en los controles de la policía, pues les estaba prohibido llevar gente a los camiones cargados como ése. El dueño también resultó buena persona y nos dio alguna comida hasta llegar a la capital, pero antes pasamos por La Oroya, centro minero al que hubiéramos querido conocer pero no pudimos hacerlo, pues pasamos rápidamente. Está situado a unos cuatro mil metros de altura y se adivina en su aspecto general la dureza de la vida de la mina. Sus grandes chimeneas lanzaban un humo negro que ha impregnado todo de hollín y las caras de los mineros que andaban por las calles estaban también impregnadas de esa vetusta tristeza del humo que unifica todo en un grisáceo monótono; perfecto acoplamiento a los días grises de la montaña. Cuando todavía era de día, cruzamos el punto máximo del camino, situado a 4.853 metros sobre el nivel del mar. El frío era muy intenso a pesar de que todavía era de día. Envuelto en la manta de viaje, miraba al panorama que se extendía hacia todos los lados mientras vociferaba versos de toda categoría acunado por el rugir del camión.

Esa noche dormimos cerca y al día siguiente ya estábamos temprano en Lima.

La ciudad de los virreyes

ESTABAMOS EN EL FINAL de una de las más importantes etapas del viaje, sin un centavo, sin mayores perspectivas de conseguirlo a corto plazo, pero contentos.

Lima es una bonita ciudad que ya enterró sus pasados coloniales (por lo menos después de ver el Cuzco) tras casas nuevas. No justifica su fama de ciudad preciosa, pero los barrios residenciales son muy buenos, circundados de amplias avenidas, y los balnearios cercanos al mar son sumamente agradables. De la ciudad al puerto del Callao se va por varias arterias anchas que transportan a los limeños en pocos minutos hasta el puerto. Este no tiene ningún atractivo especial (esa estandarización completa que tienen los puertos de ultramar), salvo el fuerte, escenario de tantas acciones guerreras. Junto a sus enormes muros nos asombramos de aquella hazaña extraordinaria de Lord Cochrane cuando a la cabeza de sus marineros sudamericanos asaltó y tomó el bastión, en uno de los episodios más radiantes de la gesta libertadora.

La parte de Lima que tiene valor anecdótico está en el centro de la ciudad y rodea a su magnífica catedral, tan diferente a esa mole pesada del Cuzco, donde los conquistadores plasmaron el sentido toscamente monumental de su propia grandeza. Aquí el arte se ha estilizado, casi diría afeminado algo; sus torres son altas, esbeltas, casi las más esbeltas de las catedrales de la colonia; la suntuosidad ha dejado el trabajo maravilloso de las tallas cuzqueñas para tomar el camino del oro; sus naves son claras, en contraste con aquellas hostiles cuevas de la ciudad incaica; sus cuadros también son claros, casi jocundos y de escuelas posteriores a la de los mestizos herméticos que pintaron los santos con furia encadenada y oscura. Todas las iglesias muestran la gama completa del churrigueresco en sus fachadas y altares que destilan oro. Esa grandeza monetaria hizo a sus marqueses resistir hasta el último momento la liberación de los ejércitos americanos; Lima es la representante completa de un Perú que no ha salido del estado feudal de la colonia: todavía espera la sangre de una verdadera revolución emancipadora.

Pero hay un rincón de la ciudad señorial que era para nosotros el más querido y a donde fuimos frecuentemente a rememorar la impresión de Machu Picchu: el museo arqueológico, creación de un sabio de pura estirpe indígena, don Julio Tello, que encierra en su interior colecciones de un valor extraordinario. Culturas enteras están sintetizadas.

Ucayali abajo

CON NUESTROS BULTOS a cuestas y nuestra facha de exploradores, llegamos al barquito un rato antes de la partida. Cumpliendo lo pactado, el capitán nos hizo subir a primera y enseguida trabamos relación con todos los pasajeros de la clase privilegiada. Tras de unas pitadas de aviso, el barco se separó de la orilla y se inició nuestra segunda etapa en el viaje hacia San Pablo. Cuando las casas de Pucallpa se perdieron de vista y empezó a desarrollarse ininterrumpidamente el panorama arbolado de la selva, la gente se separó de las barandillas y se formaron las mesas de juego, a las que nos arrimamos con mucho miedo, pero Alberto tuvo un momento de inspiración y consiguió 90 soles a un juego llamado el 21, bastante parecido al 7 y 1/2. Esta victoria nos trajo aparejado el aborrecimiento de toda la parte timbera de la población flotante, ya que la conquista había empezado con un sol de capital.

No tuvimos muchas ocasiones de estrechar vínculos de amistad con los pasajeros ese primer día de viaje y nos manteníamos un poco a parte, sin mezclarnos en la conversación general. La comida era mala y escasa. Por la noche, debido a la bajante del río, el barco no navegó; casi no había mosquitos y, aunque nos dijeron que eso era excepcional, no lo creímos mucho, habituados ya a las exageraciones de todo calibre que la gente lanza en cuanto se trata de pintar una situación un poco dificultosa.

A la mañana siguiente temprano, zarpamos; el día transcurrió sin novedades, salvo la de hacer amistad con una chica que parecía bastante liviana y que a lo mejor creyó que pudiéramos tener algunos pesos, a pesar de las lágrimas que soltábamos diligentemente cada vez que se hablaba de dinero. Al atardecer el barco atracó a la orilla para pasar la noche y los zancudos nos demostraron la palpable verdad de su existencia: en nutridos enjambres nos acosaron toda la noche. Alberto con un tul en la cara y envuelto en su bolsa, pudo dormir algo, yo empecé a sentir los síntomas de un ataque de asma, y entre ella y los mosquitos no me dejaron pegar los ojos hasta la mañana siguiente. Esa noche se ha esfumado un poco en mi recuerdo, pero todavía me parece palpar la piel de mis nalgas, que, por efecto de la cantidad de picaduras, había adquirido un tamaño paquidérmico.

Todo el día siguiente lo pasé soñoliento, tirado en un rincón o en otro y pechando poquitos de sueños en hamacas prestadas. El asma no daba señales de disminuir de modo que tuve que tomar una drástica determinación y conseguir un antiasmático por el método tan prosaico de la compra. Algo me calmé. Mirábamos con ojos soñadores la tentadora orilla de la selva, incitante en su verdor misterioso. El asma y los mosquitos quitaban plumas a mis alas, pero de todas maneras la atracción que el bosque virgen ejerce sobre personalidades como las nuestras hacía que todas las taras físicas y las fuerzas desatadas de la naturaleza no me sirvieran más que como incitantes de mi abulia.

Los días se suceden con una monotonía grande. La única diversión conocida es el juego, del que nosotros tampoco podemos gozar plenamente por nuestra situación económica. Así pasan dos más sin ninguna novedad. Normalmente se hace ese servicio en cuatro días pero la bajante del río nos obliga a parar de noche, y amén de retardar el viaje nos convierte en víctimas propiciatorias de los zancudos. Aunque la comida es mejor y los mosquitos mucho menos en primera quién sabe si ganamos con el cambio. Nuestro carácter se aviene mucho más con el de los sencillos marineros que con los de esa pequeña clase media que, rica o no, tiene demasiado cerca el recuerdo de lo que fue para permitirse el lujo de admirar a dos viajeros indigentes. Tienen la misma crasa ignorancia que los otros, pero el pequeño triunfo que obtuvieron en la vida se les ha subido a la cabeza, y las sencillas opiniones que emiten van respaldadas por la enorme garantía que supone el ser lanzadas por ellos. Mi asma siguió en crescendo a pesar de que el régimen de comidas lo estaba haciendo perfectamente.

Una desteñida caricia de la putita que se condolió de mi situación física, penetró como un pinchazo en los dormidos recuerdos de mi vida preaventurera. Por la noche, sin poder dormir por los mosquitos, pensaba en Chichina, ya convertida en un sueño lejano, un sueño que fue muy agradable y cuya terminación, rasgo impropio de este tipo de ideaciones, se acomoda a nuestro carácter y deja más miel derretida que hiel, en el recuerdo. Le mandé un suave y reposado beso para que lo tomara como de un viejo amigo que la conoce y comprende; y el recuerdo tomó el camino de Malagueño, en cuyo trasnochado hall debía estar pronunciando en esos momentos algunas de sus extrañas y compuestas frases a su nuevo galán. La bóveda inmensa que mis ojos dibujaban en el cielo estrellado, titilaba alegremente, como contestando en forma afirmativa a la interrogación que asomaba desde mis pulmones: ¿vale la pena esto?

Otros dos días: nada cambia. La confluencia del Ucayali y el Marañón que dan origen al río más caudaloso de la tierra no tiene nada de trascendental: simplemente, dos masas de agua barrosa que se unen para formar una sola, algo más ancha, quizá algo más honda, y no otra cosa. Ya no queda más adrenalina y mi asma sigue aumentando; apenas como un puñado de arroz y tomo unos mates. El último día, ya cerca de la meta, una tempestad violenta obliga a detenerse al barco y allí se abalanzan los zancudos sobre nosotros en verdaderas nubes, para desquitarse, ya que escaparíamos pronto a su esfera de acción. Parece una noche sin mañana, saturada de palmadas y exclamaciones de impaciencia, de juegos de naipes que se toman como narcóticos y de frases lanzadas al azar para mantener cualquier clase de conversación que haga más llevadero el tiempo. Por la mañana, en la fiebre de la llegada queda una hamaca vacía y me acuesto: como por arte de encantamiento, siento que un resorte tenso se distiende dentro de mí y me impulsa hacia la altura, o al abismo, qué sé yo... Un vigoroso sacudón de Alberto me despierta: "Pelao, llegamos". El río ensanchado mostraba enfrente nuestro una ciudad baja con algunos edificios algo más altos, rodeados por la selva y coloreados por la tierra roja del suelo.

El día de San Guevara

EL DIA SABADO 14 de junio de 1952, yo, fulano exiguo, cumplí 24 años, vísperas del trascendental cuarto de siglo, bodas de plata con la vida, que no me ha tratado tan mal, después de todo. Tempranito me fui al río a repetir suerte con los pescados, pero este deporte es como el juego: el que empieza ganando va perdiendo. Por la tarde jugamos un partido de fútbol en el que ocupé mi habitual plaza de arquero con mejor resultado que las veces anteriores. Por la noche, después de pasar por la casa del doctor Bresciani que nos invitó con una rica y abundante comida, nos agasajaron en el comedor nuestro con el licor nacional, el pisco, del cual Alberto tiene precisa experiencia por sus efectos sobre el sistema nervioso central. Ya picaditos todos los ánimos, el director de la colonia brindó por nosotros en una manera muy simpática y yo, "pisqueado", elaboré más o menos lo que sigue:

Bueno, es una obligación para mí el agradecer
con algo más que con un gesto convencional, el brindis

que me ofrece el doctor Bresciani. En las precarias con-
diciones en que viajamos, sólo queda como recurso de
la expresión afectiva la palabra, y es empleándola que
quiero expresar mi agradecimiento, y el de mi compa-
ñero de viaje, a todo el personal de la colonia, que, casi
sin conocernos, nos ha dado esta magnífica demostra-
ción de afecto que significa para nosotros la deferencia
de festejar nuestro cumpleaños, como si fuera la fiesta
íntima de alguno de ustedes. Pero hay algo más; den-
tro de pocos días dejaremos el territorio peruano, y por
ello estas palabras toman la significación secundaria
de una despedida, en la cual pongo todo mi empeño
en expresar nuestro reconocimiento a todo el pueblo de
este país, que en forma ininterrumpida nos ha colma-
do de agasajos, desde nuestra entrada por Tacna.
Quiero recalcar algo más, un poco al margen del tema
de este brindis: aunque lo exiguo de nuestras personali-
dades nos impide ser voceros de su causa, creemos, y
después de este viaje más firmemente que antes, que la
división de América en nacionalidades inciertas e ilu-
sorias es completamente ficticia. Constituimos una sola
raza mestiza que desde México hasta el estrecho de
Magallanes presenta notables similitudes etnográficas.
Por eso, tratando de quitarme toda carga de provincia-
lismo exiguo, brindo por Perú y por América Unida.

Grandes aplausos coronaron mi pieza oratoria.
La fiesta, que en estas regiones consiste en tomar la
mayor cantidad posible de alcohol, continuó hasta las
tres de la mañana, hora en que plantamos bandera.

La Kontikita se revela

DOS O TRES MOSQUITOS no iban a poder contra mis an-
sias de dormir y en pocos minutos los había derrotado, pero mi triunfo fue estéril ante la decidida actitud de Alberto cuya voz me sacó del delicioso limbo
en que cursaba. Las tenues luces de un pueblito,
que por las características que presentaba debía ser
Leticia, asomaban sobre la margen izquierda del río.
Inicia enseguida, con gran ardor, la tarea de acercar
la balsa a las luces y aquí el desastre: el armatoste se
negaba en forma intransigente a arrimarse a la orilla,
empeñado en seguir su camino por el medio de la
corriente. Remábamos con toda fuerza y cuando parecía que estábamos definitivamente encaminados,
dábamos una vuelta en redondo y quedábamos de
nuevo orientados hacia el medio. Con creciente desesperación veíamos cómo se alejaban de nosotros
las luces anheladas, mientras, exhaustos, decidíamos
ganarle, por lo menos, la batalla a los mosquitos y
dormir tranquilamente hasta el amanecer, para deci-
dir entonces qué haríamos. Nuestra situación no era
tan halagüeña ya que de seguir río abajo lo tendría-

mos que hacer hasta Manaos, distante, según datos más o menos fidedignos, unos diez días de navegación, y ya carecíamos de anzuelos, luego del accidente del día anterior, no teníamos gran cantidad de vituallas y carecíamos de la seguridad que da el saber que se puede uno arrimar a la orilla el momento que se le dé la gana; sin contar con que entrábamos al Brasil sin documentación en regla y desconociendo el idioma. Pero todas estas reflexiones no nos ocuparon mucho tiempo ya que muy pronto dormíamos a pata ancha. Con el sol naciendo me desperté y salí fuera del amparo del mosquitero para dar un vistazo a las posiciones que ocupábamos. Con toda la mala intención del mundo, la Kontikita había ido a depositar su humanidad en la orilla derecha y allí permanecía tranquilamente en una especie de embarcadero pequeño que correspondería a alguna casa de la cercanía. Decidí dejar la inspección ocular para más tarde porque todavía los zancudos se consideraban dentro del radio alimenticio de sus vidas y picaban de lo lindo. Alberto dormía a pierna suelta y yo decidí emularlo. Una pereza morbosa y una especie de desconfiada modorra que rehusaba interrogar el porvenir, se había apoderado de mí. Me sentía incapaz de tomar una decisión y me limitaba a calcular que por malo que fuera lo que viniese no había razón para suponerlo inaguantable.

Hacia Caracas

DESPUES DE LAS HABITUALES PREGUNTAS innecesarias, del manoseo y estrujamiento de pasaporte y de las miradas inquisitorias hechas con la suspicacia estándar de la policía, el oficial nos puso un sello inmenso con la fecha de salida, 14 de julio, e iniciamos el paso a pie del puente que une y separa las dos naciones. Un soldado venezolano, con la misma displicente insolencia que sus colegas colombianos —rasgo, al parecer, común a toda la estirpe militar—, nos revisó el equipaje y creyó oportuno someternos a un interrogatorio por su cuenta, como para demostrar que estábamos hablando con una "autoridad". En el puesto de San Antonio de Táchira nos detuvieron un buen rato, pero sólo para cumplir un trámite administrativo y seguimos viaje en la camioneta que nos llevaría a la ciudad de San Cristóbal. En la mitad del recorrido está el puesto de aduanas que nos sometió a una prolija revisación de todo el equipaje y nuestras personas. El famoso cuchillo que tantos líos provocara volvió a ser el *leit motiv* de una larga discusión que nosotros condujimos con maestría de experimentados en las lides con personas de tan alto nivel cultural como es un cabo de policía. El revólver se salvó porque iba dentro del bolsillo de mi saco de cuero, en un bulto cuya roña impresionó a los aduaneros. El cuchillo fatigosamente recuperado, era motivo de nuevas preocupaciones porque esas aduanas se repetían a lo largo del camino hacia Caracas y no teníamos la seguridad de encontrar siempre cerebros permeables a las razones elementales que dábamos. El camino que une los dos pueblos fronterizos está perfectamente pavimentado, sobre todo en la parte venezolana, y recuerda mucho a la zona de las sierras de Córdoba. En general, pareciera que en este país hay mayor prosperidad que en Colombia.

Al llegar a San Cristóbal se entabló una lucha entre los dueños de la compañía de transporte y nosotros que queríamos viajar en la forma más económica posible. Por primera vez en el viaje triunfó la tesis de ellos sobre las ventajas de viajar en dos días en camioneta, en vez de hacerlo en tres, en ómnibus; nosotros, apurados por la necesidad de resolver sobre nuestro futuro y de tratar convenientemente mi asma, resolvimos aflojar los 20 bolívares de más, sacrificándolos en aras de Caracas. Hicimos tiempo hasta la noche visitando los alrededores y leyendo algo sobre el país en la biblioteca bastante buena que hay allí.

A las once de la noche salimos al norte, dejando tras nuestro todo rastro de asfalto. En un asiento donde tres personas estarían apretadas nos colocaron a cuatro de modo que no había ni que soñar en dormir; además una pinchadura nos hizo perder una hora y el asma seguía molestándome. Paulatinamente subimos hacia la cumbre y la vegetación se hacía más rara pero en los valles se veían los mismos tipos de cultivo que viéramos en Colombia. Los caminos en mal estado de conservación producían pinchaduras a granel; varias se nos produjeron en el segundo día de viaje. La policía tiene colocados controles que revisan totalmente las camionetas de modo que nos las hubiéramos visto negras de no contar con la tarjeta de recomendación que portaba una pasajera; el conductor le atribuía todos los bultos a ella y asunto arreglado. Ya los precios de las comidas se habían hecho más caros y de un bolívar por cabeza habían ascendido a tres y medio. Resolvimos ahorrar lo más posible, de modo que teníamos que ayunar en la parada que se produjo en la Punta del Aguila, pero el conductor se apiadó de nuestra indigencia y nos dio una buena comida por cuenta de él. Punta del Aguila es la parte más alta de los Andes venezolanos y alcanza 4.108 metros sobre el nivel del mar. Me tomé los últimos dos tedrales que me quedaban con los que pude pasar la noche bastante bien. En la madrugada el chofer paró para dormir una hora porque llevaba dos días seguidos de manejar ininterrumpidamente. Pensábamos llegar a la noche a Caracas pero nuevamente las pinchaduras nos retrasaron, además fallaba el inducido, de modo que la batería no cargaba y hubo que parar a arreglar. Ya el clima se había trocado en uno tropical con mosquitos agresivos y bananas por todos lados. El último tramo que yo hice entre sueños, con un buen ataque de asma, está perfectamente asfaltado y parece ser bastante bonito (era de noche en ese momento). Clareaba cuando llegamos al punto terminal de nuestro viaje. Yo estaba derrotado, me tiré en una cama que alquilamos por 0,50 bolívar y dormí como tigre ayudado por una buena inyección de adrenalina que me colocó Alberto.

Este extraño siglo veinte

YA HA PASADO LO PEOR del ataque asmático y me siento casi bien, no obstante de vez en cuando recurro a la nueva adquisición, el insuflador francés. La ausencia de Alberto se siente extraordinariamente. Parece como si mis flancos estuvieran desguarnecidos frente a cualquier hipotético ataque. A cada momento doy vueltas a la cabeza para deslizarle una observación cualquiera y recién entonces me doy cuenta de la ausencia.

Sí, realmente no hay mucho de que quejarse; atención esmerada, buena comida, abundante también, y la esperanza de volver pronto para reiniciar los estudios y obtener de una buena vez el título habilitante, y sin embargo, la idea de separarme en forma definitiva no me hace del todo feliz; es que son muchos meses que en las buenas y malas hemos marchado juntos y la costumbre de soñar cosas parecidas en situaciones similares nos ha unido aún más.

Siempre con mis pensamientos girando en torno a nuestro problema me voy alejando insensiblemente de la zona céntrica de Caracas. Ya las casas residenciales se van espaciando.

Caracas se extiende a lo largo de un angosto valle que la ciñe y la oprime en sentido transversal, de modo que, a poco andar se inicia la trepada de los cerros que la circundan y la progresista ciudad queda tendida a nuestros pies, mientras se inicia un nuevo aspecto de su faz multifacética. Los negros, los mismos magníficos ejemplares de la raza africana que han mantenido su pureza racial gracias al poco apego que le tienen al baño, han visto invadidos sus reales por un nuevo ejemplar de esclavo: el portugués. Y las dos viejas razas han iniciado una dura vida en común poblada de rencillas y pequeñeces de toda índole. El desprecio y la pobreza los une en la lucha cotidiana, pero el diferente modo de encarar la vida los separa completamente; el negro indolente y soñador, se gasta sus pesitos en cualquier frivolidad o en "pegar unos palos", el europeo tiene una tradición de trabajo y de ahorro que lo persigue hasta este rincón de América y lo impulsa a progresar, aun independientemente de sus propias aspiraciones individuales.

Ya las casas de concreto han desaparecido totalmente y sólo los ranchos de adobe reinan en la altura. Me asomo a uno de ellos: es una pieza separada a medias por un tabique donde está el fogón y una mesa, unos montones de paja en el suelo parecen constituir las camas; varios gatos esqueléticos y un perro sarnoso juegan con tres negritos completamente desnudos. Del fogón sale un humo acre que llena todo el ambiente. La negra madre, de pelo ensortijado y tetas lacias, hace la comida ayudada por una negrita quinceañera que está vestida. Entramos en conversación en la puerta del rancho y al rato les pido que posen para una foto pero se niegan terminantemente a menos que se las entregue en el acto; en vano les explico que hay que revelarlas antes, o se las entrego allí o no hay caso. Al fin les prometo dárselas enseguida pero ya han entrado en sospechas y no quieren saber nada. Uno de los negritos se escabulle y se va a jugar con los amigos mientras yo sigo discutiendo con la familia, al final me pongo de guardia en la puerta con la máquina cargada y amenazo a todos los que asoman la cabeza. Así jugamos un rato hasta que veo al negrito huido que se acerca despreocupadamente montando una bicicleta nueva; apunto y disparo al bulto pero el efecto es feroz: para eludir la foto el negrito se inclina y se viene al suelo, soltando el moco al instante; inmediatamente todos pierden el miedo a la cámara y salen atropelladamente a insultarme. Me alejo con cierto desasosiego, ya que son grandes tiradores de piedras, perseguido por los insultos del grupo, entre los que destaca, como expresión máxima de desprecio, éste: Portuguecés.

A los lados del camino se ven colocados cajones de transporte de automóviles que los portugueses usan como viviendas; en uno de ellos, habitado por negros, se alcanza a ver una reluciente frigidaire y en muchos se escucha la música de las radios que los dueños ponen con la máxima intensidad posible. Automóviles relucientes descansan en las puertas de viviendas completamente miserables. Los aviones de todo tipo pasan sembrando el aire de ruidos y reflejos plateados, y allí a mis pies, Caracas, la ciudad de la eterna primavera, ve amenazado su centro por los reflejos rojos de los techos de teja que convergen hacia ese punto mezclados con los techos planos de las construcciones de estilo moderno, pero hay algo que permitirá vivir al anaranjado de sus edificios coloniales, aun después de haber desaparecido del mapa: su espíritu impermeable al mecanismo del Norte y reciamente fincado en su retrógrada condición semipastoril del tiempo de la colonia.

Acotación al margen

LAS ESTRELLAS VETEABAN DE LUZ el cielo de aquel pueblo serrano y el silencio y el frío inmaterializaban la oscuridad. Era —no sé bien cómo explicarlo— como si toda sustancia sólida se volatilizara en el espacio etéreo que nos rodeaba, que nos quitaba la individualidad y nos sumía, yertos, en la negrura inmensa. No había una nube que, bloqueando una porción de cielo estrellado, diera perspectiva al espacio. Apenas a unos metros, la mortecina luz de un farol desteñía las tinieblas circundantes.

La cara del hombre se perdía en la sombra, sólo emergían unos como destellos de sus ojos y la blancura de los cuatro dientes delanteros. Todavía no sé si fue el ambiente o la personalidad del individuo el que me preparó para recibir la revelación, pero sé que los argumentos empleados los había oído muchas veces esgrimidos por personas diferentes y nunca me habían impresionado. En realidad, era un tipo interesante nuestro interlocutor; desde joven huido de un país de Europa para escapar al cuchillo dogmatizante, conocía el sabor del miedo (una de las pocas experiencias que hacen valorar la vida), después, rodando de país en país y compilando miles de aventuras había dado con sus huesos en esa apartada región y allí esperaba pacientemente el momento del gran acontecimiento.

Luego de las frases triviales y los lugares comunes con que cada uno planteó su posición, cuando ya languidecía la discusión y estábamos por separarnos, dejó caer, con la misma risa de chico pícaro que siempre lo acompañaba, acentuando la disparidad de sus cuatro incisivos delanteros: "El porvenir es del pueblo y poco a poco o de golpe va a conquistar el poder aquí y en toda la tierra.

"Lo malo es que él tiene que civilizarse y eso no se puede hacer antes sino después de tomarlo. Se civilizará sólo aprendiendo a costa de sus propios errores, que serán muy graves, que costarán muchas vidas inocentes. O tal vez no, tal vez no sean inocentes porque cometerán el enorme pecado *contra natura* que significa carecer de capacidad de adaptación. Todos ellos, todos los inadaptados, usted y yo, por ejemplo, morirán maldiciendo el poder que contribuyeron a crear con sacrificio, a veces enorme. Es que la revolución con su forma impersonal, les tomará la vida y hasta utilizará la memoria que de ellos quede como ejemplo e instrumento domesticatorio de las juventudes que surjan. Mi pecado es mayor, porque yo, más sutil o con mayor experiencia, llámelo como quiera, moriré sabiendo que mi sacrificio obedece sólo a una obstinación que simboliza la civilización podrida que se derrumba y que lo mismo, sin que se modificara en nada el curso de la historia, o la personal impresión que de mí mismo tenga, usted morirá con el puño cerrado y la mandíbula tensa, en perfecta demostración de odio y combate, porque no es un símbolo (algo inanimado que se toma de ejemplo), usted es un auténtico integrante de la sociedad que se derrumba: el espíritu de la colmena habla por su boca y se mueve en sus actos; es tan útil como yo, pero desconoce la utilidad del aporte que hace a la sociedad que lo sacrifica".

Vi sus dientes y la mueca picaresca con que se adelantaba a la historia, sentí el apretón de sus manos y, como murmullo lejano, el protocolar saludo de despedida. La noche, replegada al contacto de sus palabras, me tomaba nuevamente, confundiéndome en su ser; pero pese a sus palabras ahora sabía... sabía que en el momento en que el gran espíritu rector dé el tajo enorme que divida toda la humanidad en sólo dos fracciones antagónicas, estaré con el pueblo, y sé porque lo veo impreso en la noche que yo, el ecléctico disector de doctrinas y psicoanalista de dogmas, aullando como poseído, asaltaré las barricadas o trincheras, teñiré en sangre mi arma y, loco de furia, degollaré a cuanto vencido caiga entre mis manos. Y veo, como si un cansancio enorme derribara mi reciente exaltación, cómo caigo inmolado a la auténtica revolución estandarizadora de voluntades, pronunciando el "mea culpa", ejemplarizante. Ya siento mis narices dilatadas, saboreando el acre olor de pólvora y de sangre, de muerte enemiga; ya crispo mi cuerpo, listo a la pelea y preparo mi ser como a un sagrado recinto para que en él resuene con vibraciones nuevas y nuevas esperanzas el aullido bestial del proletariado triunfante.

Anexos

Perú. Del diario de viaje

No PRESENTA UN PARECIDO muy grande con Córdoba*
pero tiene siempre aspecto de ciudad colonial, o
provinciana, mejor. Visitamos el consulado con sus
cartas esperándonos y tras la lectura fuimos a ver
qué pasaba con una recomendación para un cagatin-
ta de la cancillería, el que, por supuesto, nos largó
duros. Deambulamos de cuartel en cuartel, hasta
que en uno comimos un poco de arroz y por la tarde visitamos al doctor Pesce,** que nos recibió con
una amabilidad realmente extraña en un capo de la
lepra. Nos consiguió alojamiento en un hospital de
leprosos y nos invitó a comer por la noche en su casa. Resultó un conversador notablemente ameno.
Tarde fuimos a dormir.

Tarde también nos despertamos y tomamos el
desayuno, nos comunicaron que no había orden pa-

* Se refiere a Lima.
** Doctor Hugo Pesce.

ra darnos comida, de modo que decidimos irnos al Callao a conocerlo. El viaje resultó lerdo porque era 1º de mayo y no había transporte, de modo que tuvimos que hacer los 14 kilómetros a pie. El Callao no ofrece nada particular para ver. Ni siquiera había barcos argentinos. Para aumentar la dureza de nuestras caras nos presentamos a un cuartel a mendigar un poco de comida y emprendimos la retirada rumbo a Lima, comiendo nuevamente en casa del doctor Pesce, que nos contó sus aventuras en cuanto a clasificación de la lepra.

Por la mañana fuimos al museo arqueológico y antropológico. Magnífico, pero que no pudimos recorrer íntegramente por falta de tiempo

* * *

La tarde la dedicamos a conocer el leprosorio* bajo la dirección del doctor Molina, quien además de ser un buen leprólogo parece ser un magnífico cirujano de tórax. Como de costumbre, fuimos a comer a lo del doctor Pesce.

Toda la mañana del sábado la perdimos en el centro tratando de cambiar 50 coronas suecas, cosa que conseguimos al final después de mucho trajín. Por la tarde nos dedicamos a conocer el laboratorio; que no tiene mucho que envidiarle y deja mucho que desear, pero en cambio tiene un fichero bibliográfico formidable por la claridad y método del ordenamiento y también la cantidad de fichas anotadas. Por supuesto que por la noche fuimos a comer

---

* Hospital de Guía.

a casa del doctor Pesce, que como siempre se mostró como un amenísimo conversador.

El domingo era un gran día para nosotros, por primera vez una corrida de toros y aunque era lo que se llama una novillada, es decir una corrida con toros y toreros de inferior calidad, la expectativa era grande, hasta el punto que yo casi no podía concentrarme en la lectura de un libro de Tello que leí por la mañana en la biblioteca. Llegamos sobre el filo de la corrida y cuando entramos, ya un novillero estaba matando al toro, pero por un método diferente al usual, llamado descabellamiento. El resultado fue que el toro se pasó diez minutos sufriendo, acostado contra los tablones mientras el torero no podía ultimarlo y el público chillaba. En el tercer toro hubo un cierto grado de emoción cuando enganchó aparatosamente al torero y lo voló por el aire, pero no hubo más que eso. La fiesta acabó con la muerte del sexto animal sin pena ni gloria. Arte no le veo; valor, en cierta manera; destreza, poca; emoción, relativa. En resumen, todo depende de lo que haya por hacer el domingo.

Nuevamente dedicamos la mañana del lunes a visitar el museo antropológico, por la noche fuimos, como de costumbre, a casa del doctor Pesce donde nos encontramos con un profesor de psiquiatría, el doctor Valenza, conversador muy ameno que contó varias anécdotas de guerra y otras por el estilo: "El otro día fui al cine del barrio a ver una película de Cantinflas. Todo el mundo se reía y yo no entendía nada. Pero no era un fenómeno, de modo que las demás gentes tampoco entendían nada. Pero, ¿de qué ríen entonces? Reían en realidad de su propio ser, era de una parte de sí mismos que se reía cada uno de los presentes. Somos un pueblo joven, sin tradición, sin cultura, investigado apenas. Y de todas las lacras que nuestra civilización en pañales no ha podido quitar, se reían... Ahora bien, ¿es que Norteamérica, a pesar de sus grandes monoblocks, sus autos y sus dichas ha podido superar nuestra época, ha dejado de ser joven? No, las diferencias son de forma, no de fondo, toda América se hermana en eso. Viendo a Cantinflas, ¡comprendí el panamericanismo!".

El día martes no marcó nada nuevo sobre el anterior en cuanto a museos se refiere, pero a las tres de la tarde fuimos a una cita con el doctor Pesce que nos dio a Alberto un traje blanco y a mí un saco del mismo color. Todos concuerdan en que casi parecíamos gente. Lo demás del día no tiene importancia.

Han pasado varios días y ya estamos con un pie en el estribo pero sin saber a ciencia cierta el momento en que salimos. Hace dos días que debíamos haberlo hecho pero el camión que nos va a llevar nunca sale. En los diversos planos de vista que abarca nuestro viaje nos va bastante bien: en el científico en general visitamos museos y bibliotecas. Lo único que realmente vale es el museo arqueológico formado por el doctor Tello. Desde el científico particular, es decir lepra, sólo conocimos al doctor Pesce, los demás sólo son discípulos y les falta mucho para llegar a producir algo de peso. Como en el Perú no hay bioquímicos, el laboratorio lo hacen médicos especializados y Alberto habló con algunos de ellos para ponerlos en contacto con gente de Buenos Aires. Con dos le fue muy bien, pero con el tercero... Resulta que él se presentó como el doctor Granado, especialista en lepra, etc., y lo tomaron como médico, la cuestión es que en una de ésas le zampó el fulano interrogado: "No, acá no tenemos bioquímicos. Así como hay una disposición que prohíbe a los médicos poner farmacias, nosotros no dejamos a los farmacéuticos que se metan en lo que no saben". La respuesta de Alberto prometía mucha violencia de modo que le apliqué un suave codazo en el riñón, lo que le quitó ánimo.

A pesar de su simplicidad una de las cosas que más nos impresionó fue la despedida de los enfermos. Juntaron entre todos 100,50 soles que nos entregaron con una cartita grandilocuente. Después algunos vinieron a despedirse personalmente y en más de uno se juntaron lágrimas cuando nos agradecían ese poco de vida que les habíamos dado, estrechándoles la mano, aceptando sus regalitos y sentándonos entre ellos a escuchar un partido de fútbol. Si hay algo que nos haga dedicarnos en serio, alguna vez, a la lepra, ha de ser ese cariño que nos demuestran los enfermos en todos lados. Como ciudad, Lima no cumple lo que promete su larga tradición de ciudad de los virreyes, pero en cambio sus barrios residenciales son muy bonitos y amplios y sus nuevas calles también amplias. Un dato interesante fue el despliegue policial que rodea la embajada de Colombia. No menos de 50 policías, uniformados o no, montan guardia permanente alrededor de toda la manzana.

El primer día de viaje no trajo nada nuevo, conocíamos el camino hasta La Oroya y lo demás lo hicimos de noche cerrada amaneciendo en Cerro de Pasco. Viajábamos en compañía de los hermanos Becerra, llamados Cambalache, y reduciendo Camba, que demostraron ser muy buenas gentes, sobre todo el mayor. Seguimos todo el día caminando, ya en bajada por parajes más cálidos y empezó a cederme un dolor de cabeza, con malestar general, que me seguía desde el Ticlio, el punto más alto a 4.853 metros sobre el nivel del mar. Pasando Huánuco y ya cerca de Tingo María se rompió la punta del eje de la rueda delantera izquierda pero con tanta buena suerte que la rueda quedó atascada en el guardabarros e impidió la volcada. Esa noche quedamos allí y me quise poner una inyección con tan mala pata que se rompió la jeringa.

El día siguiente pasó aburridamente y asmáticamente, pero a la noche ocurrió un vuelco muy bueno para nosotros pues a Alberto se le ocurrió, con voz melancólica, referirse a que ese día 20 de mayo se cumplían los seis meses de nuestra salida; con ese pretexto, empezaron a menudear los vasos de pisco; a la tercera botella Alberto se levantó tambaleante y dejó un monito que tenía en los brazos, desapareciendo de la escena. El Camba chico siguió media botella más, para quedar hecho allí mismo.

A la mañana siguiente salíamos rápido, antes de que se despertara la dueña, porque no habíamos pagado la cuenta y los Cambas se habían quedado medio secos con el gasto de la punta del eje. Seguimos viajando durante todo el día para quedar finalmente trancados en una de las barreras que el ejército tiende para impedir el paso cuando llueve.

Nuevamente en marcha al siguiente día y nueva detención en la hilera. Recién al atardecer largan la caravana que es nuevamente detenida en un pueblo llamado Nescuilla, que era nuestro punto terminal.

Al siguiente día, como seguía la detención en la carretera, nos llegamos hasta el comando del ejército para conseguir morfi, y a la tarde salimos ya, con el agregado de un herido que nos permitiría pasar donde la barrera lo impidiera. En efecto, a los pocos kilómetros, ya se había efectuado la detención de todos los otros y el nuestro seguía libre a Pucallpa, a donde llegamos ya entrada la noche. El Camba chico pagó una comida y después a manera de despedida, nos tomamos cuatro botellas de vino lo que lo puso sentimental y nos juró amor eterno. Después pagó un hotel donde dormir (...).

El problema principal era trasladarse a Iquitos de manera que nos dedicamos a ese rubro. El primer golpeado fue el alcalde, un tal Cohen, de quien nos habían dicho que era judío pero buen tipo; que era judío no cabía duda, lo problemático es que fuera buen tipo. Lo cierto es que se desligó mandándonos a los agentes de las compañías, los que también se desligaron mandándonos a hablar con el capitán, el que nos recibió regularcito y nos prometió, como máxima concesión, cobrarnos pasaje de tercera clase y hacernos viajar de primera. No contentos con el resultado vimos al jefe de la guarnición que dijo que nada podía hacer por nosotros. Después el subjefe, quien tras un odioso interrogatorio en que demostró su estupidez, prometió ayudarnos.

A la tarde fuimos a bañarnos al río Ucayali, bastante parecido al aspecto del Alto Paraná y nos encontramos con el subprefecto que nos anunció que había conseguido algo importantísimo: el capitán del buque, en atención a él había consentido en cobrarnos pasaje de tercera y mandarnos en primera, formidable.

En el lugar donde nos bañamos había una pareja de un pescado de forma bastante rara llamado por los naturales bufeo que según la leyenda se come a los hombres, viola a las mujeres y hace mil tropelías por el estilo. Parece que es un delfín de río que tiene, entre otras extrañas características, un aparato genital femenino parecido al de la mujer que los indios usan a manera de sustituto pero deben matar al animal cuando acaban el coito, porque se produce una contracción de la zona genital que impide salir al pene. Por la noche nos dedicamos a la siempre penosa tarea de encararnos con nuestros colegas del hospital para pedir alojamiento. Por supuesto, la acogida fue fría y tendiente a largarnos duros, pero nuestra pasividad venció y conseguimos dos camas donde reposar nuestros molidos huesos.

* * *

Era día domingo, el de la llegada, y ya temprano atracábamos al malecón de Iquitos. Enseguida nos pusimos al habla con el jefe de Servicio de Cooperativa Internacional ya que no estaba en Iquitos el doctor Chávez Pastor a quien íbamos recomendados. De todas maneras nos trataron muy bien, nos alojamos en el servicio de fiebre amarilla y nos dieron de comer en el hospital; yo seguía con asma y sin poder dar en la clave de mi desventura fuellística, llegándome a poner cuatro adrenalinas en un día.

Poca diferencia asmática marcó el día siguiente que pasé tirado en la cama o "adrenalineándome".

Al siguiente día resolví hacer dieta absoluta por la mañana y relativa por la noche, eliminando el arroz, y mejoré algo, aunque no mucho. Por la noche, vimos *Strómboli*, de Ingrid Bergman y Rossellini como director: no se le puede dar otro calificativo que mala.

El miércoles marcó para nosotros una fecha diferente con el anuncio que al día siguiente partiríamos, cosa que nos alegró bastante, ya que mi asma me impedía moverme y pasábamos los días echados en la cama.

Al día siguiente desde temprano, empezaron los preparativos psíquicos para irnos. Sin embargo pasó todo el día y todavía estábamos anclados, anunciándose la partida para el otro día a la tarde.

Confiados en la pereza de los patrones que podrían salir más tarde pero nunca con anticipación, dormimos tranquilamente y después de dar una vuelta nos fuimos a la biblioteca, donde nos halló el ayudante, muy agitado porque *El Cisne* salía a las 11.30 a.m. y eran las 11.05 a.m. Arreglamos todas las cosas rápido y como yo estaba demasiado asmático todavía tomamos un auto que nos cobró media libra por andar ocho cuadras iquiteñas. Llegamos al barco y éste no salía hasta las tres pero había que estar necesariamente a la una embarcados. No nos animamos a desobedecer para ir a comer al hospital, y por otra parte, no nos convenía mucho porque así podíamos "olvidarnos" de la jeringa que nos habían prestado. Comimos mal y caro con un indio extrañamente ataviado con una pollerita hecha de paja rojiza y algunos collares de la misma paja; pertenecía a la tribu de los yaguas, se llamaba Benjamín pero no hablaba casi el castellano. Presentaba en la región supraescapular izquierda una cicatriz de bala, disparo hecho casi a quemarropa teniendo como móvil "vinganza", según decía él. La noche fue plena de zancudos que disputaron nuestras casi vírgenes carnes. Hubo una variante importante en la orientación psíquica del viaje, al enterarnos que desde Manaos se puede pasar a Venezuela por río.

Sereno pasó el día, en que dormitamos lo más posible para recuperar el sueño perdido con la carga de zancudos: por la noche, a eso de la una, me despertaron en momentos en que tiraba un sueñito para avisarme que estábamos en San Pablo. Enseguida avisaron al médico director de la colonia, el doctor Bresciani, que nos atendió muy amablemente y nos facilitó un cuarto para pasar la noche.

El día siguiente, domingo, nos encontró de pie, dispuestos a pasar revista a la colonia pero hay que trasladarse a ella por río de modo que no se pudo ir, ya que no era día de trabajo. Visitamos a la monja administradora, madre Sor Alberto, de aspecto viril, y nos fuimos a jugar un partido de fútbol en que los dos actuamos muy mal. Mi asma empezó a ceder.

El día lunes entregamos parte de nuestra ropa para que la lavaran, por la mañana fuimos al asilo e iniciamos la recorrida. Hay 600 enfermos que viven en sus típicas casitas de la selva, independientes, haciendo lo que se les da la gana y ejerciendo sus profesiones libremente, en una organización que ha tomado sola su ritmo y características propias. Hay un delegado, juez, policía, etc. El respeto que le tienen al doctor Bresciani es notable y se ve que es el coordinador de la colonia, parapeto y *traite d'unión* entre los grupos que peleen entre sí.

Nuevamente el día martes visitamos la colonia; acompañamos al doctor Bresciani en sus exámenes de sistema nervioso a los enfermos. Está preparando un detenido estudio* de las formas nerviosas de la lepra basado en 400 casos. Realmente puede ser un trabajo muy interesante por la abundancia del ataque al sistema nervioso en las formas de lepra de esta zona. Hasta el punto de que no he visto un solo enfermo carente de alteraciones de este tipo. Ya, según anunció Bresciani, el doctor Souza Lima se interesó por las precoces manifestaciones nerviosas en los niños de la colonia.

Visitamos la parte sana del asilo que tiene una población de unas 70 personas. Se carece de comodidades fundamentales que recién serán instaladas en el correr de este año, como luz eléctrica todo el día, refrigerador, en fin, un laboratorio; haría falta un buen microscopio, micrótono, un laboratorista, ya que ese puesto está ocupado por la madre Margarita, muy simpática pero no muy versada y se necesitaría un cirujano que liberara nervios, clausurara ojos, etc. Cosa curiosa, a pesar del enorme compromiso nervioso, hay pocos ciegos, lo que tal vez con-

* Síndromes nerviosos en lepra.

tribuyera a demostrar que el [...] tiene algo que ver en esto, ya que la mayoría son vírgenes de tratamiento.

Repetimos las visitas el día miércoles, alternando con pesca y baño pasamos el día, en general; por la noche juego de ajedrez con el doctor Bresciani o charlamos. El dentista, doctor Alfaro, es una persona de maravillosa simpleza y cordialidad.

El día jueves es el descanso en la colonia de modo que interrumpimos la visita al asilo. Por la tarde jugamos un partido en que estuve algo menos malo al arco. Por la mañana habíamos tratado infructuosamente de pescar.

El día viernes volví al asilo pero Alberto se quedó haciendo baciloscopía en compañía de una monja churro, la madre Margarita; pesqué dos especies de sumbi, llamados mota, uno de los cuales regalé al doctor Montoya para su triguillo.

* * *

El domingo por la mañana fuimos a visitar una tribu de yaguas, indios de la pajita colorada. Después de treinta minutos de caminar por un sendero que desmiente los rumores sobre lo tenebroso de la selva llegamos a un caserío de una familia. Interesante era su manera de vivir bajo tabladillos y la hermética cabaña de hojas de palma donde se guarecían por la noche de los zancudos que atacan en formación cerrada. Las mujeres han dejado su tradicional vestido para reemplazarlo por uno común, de modo que no se puede admirar el juego de té. Los chicos son barrigones y algo esqueléticos pero los viejos no presentan ningún signo de avitaminosis, al contrario de lo que sucede entre la gente algo más civilizada que vive en el monte. La base de su alimentación la constituyen las yucas, plátanos, el fruto de una palmera, mezclado con animales que cazan con escopeta. Sus dientes están totalmente cariados. Hablan su dialecto propio, pero entienden castellano, algunos. Por la tarde jugamos un partido de fútbol en donde mejoré algo, pero me hicieron un gol asqueroso. Por la noche me despertó Alberto con un violento dolor de estómago que se localizó luego en la fosa ilíaca derecha; tenía demasiado sueño para preocuparme por dolencias foráneas de modo que aconsejé resignación y me dormí hasta el otro día.

Día lunes, día de reparto de medicamentos en el asilo; Alberto bien atendido por su amada madre Margarita recibía penicilina cada tres horas, con toda religiosidad. El doctor Bresciani me anunció que se acercaba una balsa con animales de la que se podía tomar unos "topos" para hacernos una balsita chica, la idea nos entusiasmó y enseguida hicimos proyectos para ir a Manaos, etc. Yo tenía infección en el pie, así que paré el partido de la tarde; nos dedicamos a charlar con el doctor Bresciani sobre todos los temas que caían a nuestro alcance y me acosté tardón.

El martes por la mañana, ya repuesto Alberto, fuimos al asilo, donde el doctor Montoya se mandó una operación del cubital en una neuritis leprosa, de resultados brillantes al parecer, aunque en técnica dejó bastante que desear. Por la tarde fuimos a pescar en frente a una cocha, y por supuesto no sacamos nada, pero de vuelta me largué a cruzar el Amazonas, cosa que hice en cerca de dos horas con gran desesperación del doctor Montoya que no tenía ganas de esperar tanto. Por la noche hubo una fiesta familiar que trajo como consecuencia una seria pelea con el señor Lezama Beltrán, espíritu aniñado e introvertido que probablemente fuera invertido también. El pobre hombre estaba borracho y desesperado porque no lo invitaban a la fiesta, de modo que empezó a insultar y vociferar hasta que le hincharon un ojo y le dieron una paliza extra. El episodio nos dolía algo porque el pobre hombre, fuera de ser un pervertido sexual y un latero de primera, se portó bien con nosotros y nos regaló 10 soles a cada uno por lo que el campeonato quedó así: yo 479, Alberto 163,50.

El día miércoles amaneció lloviendo, de modo que no fuimos al asilo y el día quedó en general en blanco. Yo me dediqué a leer algo de García Lorca y después vimos la balsa que en horas de la noche se arrimó al puerto.

El jueves por la mañana, que es el día que en el asilo no se trabaja en la parte enferma, fuimos con el doctor Montoya a la otra banda a buscar algún comestible y recorrimos un brazo del río Amazonas, compramos a precios baratísimos papayas, yuca, maíz, pescado, caña de azúcar y pescamos algo también: Montoya un pescado regular, yo una mota. A la vuelta había un fuerte viento que encrespó el río y el conductor Roger Alvarez se cagó hasta la mierda, cuando vio que las olas llenaban de agua la canoa; yo le pedí el timón pero no me lo quiso dar y fuimos a la orilla a esperar que amainara. Recién a las tres de la tarde llegamos a la colonia e hicimos preparar los pescados lo que nos quitó sólo a medias el hambre. Roger nos re galó a cada uno una camiseta y a mí un pantalón de modo que aumenté mi acervo espiritual. La balsa quedó casi lista y sólo faltaban los remos. Por la noche, una comisión de enfermos de la colonia vino a darnos una serenata homenaje, en la que abundó la música autóctona cantada por un ciego; la orquesta la integraban un flautista, un guitarrero y un bandoneonista que no tenía casi dedos, del lado sano lo ayudaban con un saxofón, una guitarra y un chillador. Después vino la parte discursiva en donde cuatro enfermos por turno elaboraron como pudieron sus discursos, a los tropezones; uno de ellos desesperado porque no podía seguir adelante acabó con un: "Tres hurras por los doctores". Después Alberto agradeció en términos rojos la acogida, diciendo que frente a las bellezas naturales del Perú no había comparación con la belleza emocional de ese momento, que lo había tocado tan hondo que no podía hablar y sólo puedo, dijo abriendo los brazos con gesto y entonación peroniana, "dar las gracias a todos ustedes".

Soltaron amarras los enfermos y el cargamento se fue alejando de la costa al compás de un valsesito y con la tenue luz de las linternas dando un aspecto fantasmagórico a la gente. Después fuimos a tomar unas copas a casa del doctor Bresciani y, luego de un rato de charla, a dormir.

El día viernes era el de nuestra partida de modo que fuimos por la mañana a dar una visita de despedida a los enfermos, y tras sacar unas fotografías volvimos con dos regias piñas, regalo del doctor Montoya; nos bañamos y a comer; cerca de las tres de las tarde iniciamos la despedida y a las tres y media, la balsa con el nombre de "Mambo" partía hacia abajo llevando de tripulantes a nosotros dos, y por un rato al doctor Bresciani, Alfaro y Chávez, el constructor de la balsa.

Nos llevaron hasta el medio del río y allí quedamos librados a nuestros propios medios.

Carta desde Colombia

Bogotá, 6 de julio de 1952

Querida vieja:

Aquí estoy, unos cuantos kilómetros más lejos y algún peso más pobre, preparándome a seguir viaje rumbo a Venezuela. Primero que todo tengo que mandarte el que los cumplas muy feliz de rigor, que lo hayas pasado siempre dentro del tiempo medio de la familia en cuestión felicitaciones, luego, seré ordenado, te contaré escuetamente mis grandes aventuras desde que salí de Iquitos: la salida se produjo más o menos dentro del término establecido por mí, anduvimos dos noches con la cariñosa compañía de los mosquitos y llegamos a la madrugada al leprosorio de San Pablo, donde nos dieron alojamiento. El médico director, un gran tipo, simpatizó enseguida con nosotros y en general simpatizábamos con toda la colonia, salvo las monjas que preguntaban por qué no íbamos a misa; resulta que las administradoras eran las tales monjas y al que no iba a misa le cortan la ración todo lo posible (nosotros quedamos sin [...], pero los muchachos nos ayudaron y nos conseguían algo todos los días). Fuera de esta pequeña guerra fría la vida trascurría sumamente placentera. El 14 me organizaron una fiesta con mucho pisco, una especie de ginebra que se trepa de lo lindo. El médico director brindó por nosotros, y yo, que me había inspirado por el trago, contesté con un discurso muy panamericano que me mereció grandes aplausos del calificado y un poco piscado público asistente. Nos demoramos algo más del tiempo calculado pero por fin arrancamos para Colombia. La noche previa un grupo de enfermos se trasladó desde la parte enferma a la zona en una canoa grande, y que es la vía practicable, y en el muelle nos dieron una serenata de despedida y dijeron algunos discursos muy emocionantes; Alberto que ya pinta como sucesor de Perón, se mandó un discurso demagógico en forma tan eficaz, que convulsionó a los homenajeantes. En realidad fue éste uno de los espectáculos más interesantes que vimos hasta ahora: un acordeonista no tenía dedos en la mano derecha y los reemplazaba por unos palitos que se ataba a la muñeca, el cantor era ciego y casi todos con figuras monstruosas provocadas por la forma nerviosa de la enfermedad, muy común en la zona, a lo que se agregaban las luces de los faroles y linternas sobre el río. Un espectáculo de película truculenta. El lugar es precioso todo rodeado de selvas con tribus aborígenes, apenas una legua de camino, las que por supuesto visitamos, con abundante pesca y caza para morfar en cualquier punto y con una riqueza potencial incalculable, lo que provocó en nosotros todo un lindísimo sueño de atravesar la meseta del Matto

Grosso por agua, partiendo del río Paraguay para llegar al Amazonas haciendo medicina y todo lo demás; sueño que es como el de la casa propia... puede ser... el hecho es que nos sentíamos un poco más exploradores y nos largamos río abajo en una balsa que nos construyeron especialmente de lujo; el primer día fue muy bueno pero a la noche, en vez de hacer guardia nos pusimos a dormir, los dos cómodamente amparados por un mosquitero que nos habían regalado, y amanecimos varados en la orilla.

Comimos como tiburones. Pasó felizmente todo el otro día y decidimos hacer guardia de una hora cada uno para evitar inconvenientes ya que al atardecer la corriente nos llevó contra la orilla y unas ramas hundidas casi nos descuajan la balsa. Durante una de mis guardias me anoté un punto en contra, ya que un pollo que llevábamos para el morfi cayó al agua y se lo llevó la corriente, y yo, que antes en San Pablo había atravesado el río, me achiqué en gran forma para ir a buscarlo, mitad por los caimanes que se dejaban ver de vez en cuando y mitad porque nunca he podido vencer del todo el miedo que me da el agua de noche. Seguro que si estabas vos lo sacabas y Ana María creo que también, ya que no tienen esos complejos nochísticos que me dan a mí. En uno de los anzuelos había un pez enorme que costó un triunfo sacar. Seguimos haciendo guardia hasta la mañana en que atracamos a la orilla para poder meternos los dos debajo del mosquitero, ya que los carapanás abundan un poquitillo. Después de dormir bien Alberto, que prefiere la gallina al pescado, se encontró con que los dos anzuelos habían desaparecido durante la noche, lo que agravó su bronca y como había una casa cerca decidimos ir a averiguar cuánto faltaba para Leticia. Cuando el dueño de la casa nos contestó en legítimo portugués que estaba siete horas arriba y que eso era Brasil, nos trenzamos en una agria discusión para demostrar uno al otro que el que había dormido en la guardia era el contendiente. Nos surgió la luz. Regalamos el pescado y un ananá como de 4 kilogramos que nos habían regalado los enfermos y nos quedamos en la casa para esperar al día siguiente en que nos llevarían río arriba. El viaje de vuelta fue muy movido también, pero algo cansado porque tuvimos que remar siete horas bien contadas y no estábamos acostumbrados a tanto. En Leticia en principio nos trataron bien, nos alojaron en la policía con casa y comida, etc., pero en cuanto a cuestiones de pasajes no pudimos obtener nada más que un 50% de rebaja, por lo que hubo que desembolsar ciento treinta pesos colombianos más quince por exceso de equipaje, en total mil quinientos pesos de los nuestros. Lo que salvó la situación fue que nos contrataron como entrenadores de un equipo de fútbol mientras esperábamos el avión que es quincenal. Al principio pensábamos entrenar para no hacer papelones, pero como eran muy malos nos decidimos también a jugar, con el brillante resultado de que el equipo considerado más débil llegó al campeonato relámpago organizado, fue finalista y perdió el desempate con penales. Alberto estaba inspirado con su figura parecida en cierto modo a Pedernera y sus pases milimétricos, se ganó el apodo de "Pedernerita", precisamente, y yo me atajé un penal que va a quedar para la historia de Leticia. Toda la fiesta hubiera sido muy grata si no se les ocurre tocar el himno colombiano al final y me agacho para limpiarme un poco la sangre de la rodilla mientras lo ejecutaban, lo que provocó la reacción violentísima del comisario (coronel) que me atacó de palabra y le mandaba mi rociada flor cuando me acordé del viaje y otras yerbas y agaché el copete. Después de un lindo viaje en avión en que se movió como coctelera llegamos a Bogotá. En el camino Alberto les hablaba a todos los pasajeros de lo terrible que había sido el cruce del Atlántico cuando le fallaron tres de los cuatro motores, acabó con un: "Digo que estos Douglas..." tan convincente que temí seriamente por mi viaje.

En general estamos por completar la segunda vuelta al mundo. El primer día en Bogotá fue regularcito; conseguimos la comida en la Ciudad Universitaria pero no alojamiento, porque esto está lleno de estudiantes becados para seguir una serie de cursos que organiza la ONU. Por supuesto, ningún argentino. Recién a la una de la mañana nos dieron alojamiento en un hospital, entendiéndose por tal una silla donde pasamos la noche. No es que estemos tan tirados como eso, pero un raidista de la talla nuestra antes muere que pagar la burguesa comodidad de una casa pensión. Después nos tomó por su cuenta el servicio de lepra que el primer día nos había olfateado cuidadosamente a causa de la carta de presentación que traíamos del Perú, la que era muy encomiástica pero la firmaba el doctor Pesce que juega en el mismo puesto que Lusteau. Alberto puso varios plenos y apenas respiraban los tipos los agarré yo con mi alergia y los dejé turulatos, resultado: ofrecimiento de contrato para los dos. Yo no pensaba aceptar de ninguna manera pero Alberto sí, por razones obvias, cuando por culpa del cuchillito de Roberto que yo saqué en la calle para hacer un dibujo en el suelo tuvimos tal lío con la policía que nos trató en una forma vejante, que hemos decidido salir cuanto antes para Venezuela, de modo que cuando reciban esta carta estaré por salir ya. Si quieren tirarse el lance escriban a Cúcuta, departamento de Santander del Norte, Colombia o muy rápido a Bogotá. Mañana veré a Millonarios y Real Madrid desde la más popular de las tribunas, ya que los compatriotas son más difíciles de roer que ministros. Este país es el que tiene más suprimidas las garantías individuales de todos los que hemos recorrido, la policía patrulla las calles con fusil al hombro y exigen a cada rato el pasaporte, que no falta quien lo lea al revés, es un clima tenso que hace adivinar una revuelta dentro de poco tiempo. Los llanos están en franca revuelta y el ejército es impotente para reprimirla, los conservadores pelean entre ellos, no se ponen de acuerdo y el recuerdo del 9 de abril de 1948 pesa como plomo en todos los ánimos; resumiendo, un clima asfixiante, si los colombianos quieren aguantarlo, allá ellos, nosotros nos rajamos cuanto antes. Parece que Alberto tiene bastantes posibilidades de conseguir un puesto en Caracas. Es de esperar que alguno escriba dos letras para contar cómo andan, no tengan que saber todo por intermedio de Beatriz (a ella no le contesto porque estamos a régimen: una carta por ciudad, por eso va la tarjetita para Alfredito Gabelo adentro). Un abrazo de tu hijo que te añora por los codos, talones y fundillos. Que se anime el viejo y se raje a Venezuela, la vida es más cara que acá pero se paga mucho más y para un tipo ahorrador (¡!) como el viejo, eso conviene. A propósito, si después de vivir un tiempo por aquí sigues enamorado del Tío Sam... pero no divaguemos, papi es muy intelijudo (con semisorna). Chau.

Ernesto llega a Miami
y regresa a Buenos Aires
por Ernesto Guevara Lynch

DESDE VENEZUELA, *donde quedó Granado, Ernesto siguió en un avión que transportaba caballos de carreras hasta Miami. Allí el avión debió quedar solamente un día y volver a Caracas para regresar a la Argentina; pero en Miami el capitán de la aeronave decidió hacer una revisión a fondo de los motores y encontró que uno de ellos tenía un fallo serio. Hubo que componer ese motor. El arreglo duró nada menos que un mes y Ernesto, que debió regresar en este mismo avión, se quedó varado en Miami después de haber gastado todo el dinero que llevaba, quedándole sólo un dólar en el bolsillo.*

Se vio en apuros para poder sobrellevar treinta días con el exiguo capital de un dólar que tenía. Se quedó en una pensión comprometiéndose a pagarla desde Buenos Aires, cosa que hizo.

A su regreso nos contó las dificultades por las que pasó sin dinero. Con su amor propio exagerado no quiso avisarnos. Decía que casi todos los días iba desde la pensión, que estaba en plena ciudad, hasta las playas veraniegas, haciendo el trayecto a pie de ida y de vuelta, pues rara vez encontraba quien lo llevara. Si mal no recuerdo, la distancia que tenía que recorrer era de quince kilómetros, pero lo pasó muy bien, se divirtió todo lo que pudo y conoció Estados Unidos, aunque no fuera más que una pequeña parte.

Una vez arreglado el avión, se embarcó de vuelta. Al llegar a Caracas, un ayudante caballerizo que también había quedado con él varado en Miami, lo despertó mientras dormía diciéndole que se había trabado el tren de aterrizaje y que estaban volando en círculo sobre la capital de Venezuela.

El avión volaba con un gran cargamento de cajones de fruta y como pasajeros sólo llevaba a ellos dos. Se habían acomodado en un pequeño lugar que les habían dejado entre la cajonería que transportaba el carguero. Ernesto creyó que se trataba de una broma y siguió durmiendo, pero al rato despertó, y al mirar por una de las ventanillas del avión divisó en tierra un gran despliegue de camiones, automóviles y autobombas. Efectivamente, se había trabado el tren de aterrizaje y el capitán dio aviso a la torre de control, desde donde se movilizó el personal para un aterrizaje de emergencia. Poco después, felizmente tocaban tierra sin novedad, porque habían conseguido destrabar el mecanismo que levantaba las ruedas.

Una mañana, en Buenos Aires, nos anunciaron que Ernesto debía llegar esa tarde en el avión carguero que regresaba desde Miami. Volvía del viaje comenzado con Alberto Granado después de recorrer una buena parte de América del Sur, viaje que duró ocho meses.

Toda nuestra familia se había trasladado al ae-

ródromo de Ezeiza. Aquella tarde el cielo estaba encapotado, nubes muy bajas impedían la visibilidad. Pocos aviones volaban sobre Ezeiza. Habían anunciado la llegada del carguero para las dos de la tarde y ya llevábamos más de dos horas esperando. Estábamos todos muy nerviosos, porque el avión no aparecía y tampoco se había comunicado con la torre de control. Allí tranquilizándonos contestaron a nuestras preguntas diciendo que los aviones de carga no tenían horario fijo y que solían aparecer sobre el campo de aterrizaje en el momento menos pensado. Y así fue, de pronto entre las nubes se vio el "Douglas" volando muy bajo y, después de hacer un amplio giro sobre el aeródromo, aterrizó sin ninguna dificultad en la pista. Breves instantes después, con un piloto para protegerse de la ligera lluvia que ahora había comenzado a arreciar, apareció Ernesto corriendo hacia las instalaciones del aeropuerto.

Yo estaba en la terraza y, haciendo altavoz con las manos, lo llamé con todas mis fuerzas. El oyó el grito, pero no nos localizaba. Todavía recuerdo con qué cara sonriente nos saludaba cuando consiguió vernos junto a la baranda de la terraza que cubre el edificio del aeródromo. Estábamos ya en el mes de setiembre de 1952.

Indice

MI PRIMER GRAN VIAJE

ANEXOS

Esta edición
se terminó de imprimir en
Grafinor S.A.
Lamadrid 1576, Villa Ballester
en el mes de junio de 1997.